Herausgeber: Dr. Frank Bräutigam

VEREINSRECHT UND EHRENAMT

Das Handbuch für alle Ehrenamtler

SWR verbraucherzentrale

Eine Produktion des Südwestrundfunks in Zusammenarbeit
mit den Verbraucherzentralen

Wer sich im Ehrenamt – ob innerhalb eines Vereins oder außerhalb – engagiert, tut in der Regel sich und anderen viel Gutes. Doch jenseits des persönlichen Einsatzes gilt es auch, einige juristische Fragen zu beachten. Das betrifft den Verein insgesamt, aber auch den Vorstand und das einzelne Mitglied sowie alle, die sich „frei" im Einsatz befinden. Um Nachteile oder gar Schaden für sich und andere zu vermeiden, sollte man über die grundlegenden Vorschriften und Regeln Bescheid wissen.

Dieser Ratgeber klärt auf über Haftungsfragen, die steuerliche Behandlung von Zahlungen und Honoraren, die Einberufung von Versammlungen, Rechte und Pflichten von Vorstands- und einfachen Mitgliedern, Datenschutz, die korrekte Behandlung von Beschlüssen und über vieles mehr.

Bernd Jaquemoth ist Rechtsanwalt und Autor. Er hält unter anderem Seminare zum Thema Ehrenamt. Für die Verbraucherzentralen hat er schon zahlreiche Ratgeber verfasst.

Bernd Jaquemoth

VEREINSRECHT UND EHRENAMT

Das Handbuch für alle Ehrenamtler

Vorsicht, Risiko!

Tipp, Ratschlag

Wichtig

Beispiel

Um die Lesbarkeit des Textes zu erleichtern, verzichten wir in der Regel darauf, explizit die weibliche und die männliche Form einer Bezeichnung zu verwenden. Es wird nur das sogenannte generische Maskulinum benutzt, das heißt der verallgemeinernde, grammatikalisch männliche Begriff. Damit ist keinerlei Diskriminierung verbunden. Diese Form umfasst beide Geschlechter.

Bibliografische Information der Deutschen Bibliothek
Die Deutsche Bibliothek verzeichnet diese Publikation in der Deutschen Nationalbibliografie; detaillierte bibliografische Daten sind im Internet über http://dnb.ddb.de abrufbar.

1. Auflage 2014, 6.000 Exemplare

Printed in Germany.
ISBN 978-3-86336-621-6

LIEBE LESERIN, LIEBER LESER, UND NATÜRLICH AUCH: LIEBE ZUSCHAUERIN, LIEBER ZUSCHAUER DES „ARD-RATGEBER-RECHT",

das Recht gilt gemeinhin als eine trockene und komplizierte Angelegenheit. Da ist durchaus etwas dran. Trotzdem lautet meine Erfahrung und meine Überzeugung: Hinter jedem schwierigen Paragrafen, hinter jedem Urteil im Juristendeutsch der Gerichte verbergen sich fast immer die Geschichten, Probleme und Schicksale von Menschen – und zwar von Ihnen, liebe Leserinnen und Leser, liebes Publikum. Die schwierigen Paragrafen und ihre Folgen zu erklären, gleichzeitig aber die Geschichten der Menschen dahinter nicht zu vergessen, das ist das erklärte Ziel unserer Sendung „ARD-Ratgeber Recht".

Wohl kaum eine Redaktion im deutschen Fernsehen bekommt so viel Zuschauerpost mit konkreten „Hilferufen". Sie schildern uns Ihre Fälle und bitten uns in Briefen und E-Mails oft um Unterstützung. Dieses Vertrauen in unsere Arbeit ehrt uns sehr, und Ihre Probleme und Fragen sind uns ein wichtiges Anliegen. Allerdings müssen wir Ihnen oft auch antworten, dass wir Ihnen eine konkrete Rechtsberatung im Einzelfall leider nicht geben können und dürfen. Wir haben einen Programmauftrag, der darin besteht, rechtliche Fragen allgemein und leicht verständlich im Fernsehen aufzuarbeiten. Dafür nehmen wir dann gern Ihre konkreten Fälle als Beispiele und sind deshalb weiterhin für jede Zuschrift dankbar. Alles Weitere aber übersteigt in der Regel unsere Möglichkeiten – mit einer Ausnahme: der traditionsreichen Buchreihe zum ARD-Ratgeber Recht.

Damit können wir Ihnen – immer anknüpfend an die Themen unserer Sendungen – umfangreichere Informationen an die Hand geben; mehr, als wir im Fernsehen leisten können. Das Ziel der Reihe ist es, verständliche und erschwingliche Bücher zu den juristischen Themen der Sendung ARD-Ratgeber Recht anzubieten. Unsere erfahrenen Autoren wollen Sie im juristischen Alltagsdschungel an die Hand nehmen und Ihnen Orientierung bieten – mit gut verständlichen Erklärungen, einem klaren Aufbau und einem modernen Design. Hinzu kommen Musterbriefe, Tipps und viele Ratschläge.

Betreut wird die Buchreihe – wie auch die Sendung ARD-Ratgeber Recht – von der ARD-Rechtsredaktion des Südwestrundfunks (SWR) in Karlsruhe, der „Residenz des Rechts". Von dort aus produzieren wir den ARD-Ratgeber Recht und berichten darüber hinaus in den Nachrichtensendungen von ARD und SWR über „alles, was Recht ist". Ich würde mich freuen, wenn Sie diese Buchreihe wie unsere Arbeit auf dem Bildschirm weiterhin so freundlich und kritisch begleiten und uns die Treue halten!

Eine aufschlussreiche und angenehme Lektüre wünscht Ihnen

Dr. Frank Bräutigam,
Leiter der ARD-Rechtsredaktion, Karlsruhe

EIN PAAR WORTE VORWEG

Es gibt über 600.000 Vereine in der Bundesrepublik Deutschland, über 23 Millionen Menschen sind als Ehrenamtliche tätig. Die Vereine werden häufig von dem Engagement der Ehrenamtlichen getragen. Das betrifft nicht nur die Aufgaben als Trainerin, den Chorleiter oder in der Nachbarschaftshilfe Aktive, vielmehr sind es gerade auch die „verantwortlichen" Positionen im Verein, wie zum Beispiel als Vorstand.

Außer über die demografisch begründeten allgemeinen Nachwuchssorgen klagen viele Vereine darüber, dass sie keine Kandidatinnen und Kandidaten für die Posten im Verein finden. Dies kann so weit gehen, dass ein an sich erfolgreicher Verein in seiner Existenz bedroht ist. Gleichzeitig gibt es eine zunehmende Zahl von Menschen, die sich für ein bestimmtes Thema engagieren wollen, aber große Skepsis gegenüber der „Vereinsmeierei" hegen. Es herrscht die Vorstellung, dass man ohne Organisation besser mit seinem Engagement fahre.

Sowohl die Zurückhaltung, ein Amt oder einen Posten zu übernehmen, als auch die Skepsis gegenüber einem Verein an sich wurzeln häufig in der Unsicherheit bezüglich der rechtlichen Regeln im Ehrenamt bzw. des Vereinsrechts. Diese Unsicherheit wollen wir mit diesem Ratgeber überwinden. Es wird dargestellt, wann und aus welchen Gründen es sinnvoll ist, für ein Engagement einen Verein zu gründen, was dabei zu beachten ist und welche Pflichten die Verantwortlichen im Verein, insbesondere die Vorstände, trifft.

Aber auch für den Ehrenamtlichen ohne Amt im Verein gilt es genau hinzuschauen, bei wem er sich engagiert. Fragen der Haftung oder etwa die Frage nach der steuerlichen Behandlung der ehrenamtlichen Tätigkeit sind auch davon abhängig, wer der Träger ist.

Tatsächlich gilt wie in allen Bereichen des Lebens, dass bestimmte Regeln zu beachten sind. Der Gesetzgeber ist sowohl beim Vereinsrecht als auch hinsichtlich des Ehrenamts allgemein in den letzten Jahren immer wieder aktiv geworden, um das Engagement zu erleichtern. Nicht selten ist man bei einer ehrenamtlichen Tätigkeit im Verein besser abgesichert und haftet für eventuell verursachte Schäden geringer als außerhalb des Vereins oder im normalen Privatleben.

Ohne Ehrenamt und ohne Vereine sähe unser gesellschaftliches Zusammenleben deutlich anders, wahrscheinlich ärmer aus. Dabei ist es egal, ob man in der freiwilligen Feuerwehr, der Nachbarschaftshilfe, im Gartenbau- oder Trachtenverein tätig ist. Mit diesem Ratgeber erhalten Sie einen Überblick über die einschlägigen Regeln sowie Tipps zur Gestaltung der ehrenamtlichen Tätigkeit, insbesondere im Verein.

Auch wenn wir uns darum bemüht haben, eine verständliche Darstellung auf dem neuesten Stand der Gesetzgebung und Rechtsprechung vorzulegen, so kann keine Gewähr für die Behandlung von Rechts- oder Steuerfragen übernommen werden. Eine Einzelfallberatung kann in vielen Fällen angeraten sein.

INHALT

05 DIE RECHTSSTELLUNG DER AKTIVEN IM VEREIN

06 EHRENAMTLICH TÄTIGE MIT UND OHNE AMT

07 ANHANG

ORGANISATIONSFORMEN FÜR EHRENAMTLICHES ENGAGEMENT

01

Scherzhaft wird manchmal gesagt: Wenn hierzulande sieben Personen an der Bushaltestelle warten, gründen sie als Erstes mal einen Verein. Deutschland ist das Land der Vereine – und auch deshalb gibt es bei vielen Menschen immer mehr Abneigung gegen die „Vereinsmeierei". Außerdem kann man sich über die sozialen Netzwerke spontan und kurzfristig für eine Aktion zusammenfinden, ohne sich richtig zu organisieren.

Dennoch bietet eine klare Organisationsform für das Engagement einige Vorteile. Und auch wenn eine Gruppe Gleichgesinnter vielleicht auf eine feste Form verzichtet, kann sie rein rechtlich gesehen trotzdem eine Gemeinschaft darstellen. Es ist also gut zu wissen, in welchem Rahmen man sich mit seinem Einsatz bewegt.

Die Schließung des Jugendtreffs soll verhindert werden, Menschen möchten zusammen singen, die Natur soll geschützt, die Älteren in der Nachbarschaft sollen im Haushalt und Garten unterstützt oder im Nachmittagsprogramm der Schule soll ein Mundartkurs angeboten werden. Die Liste möglicher Themen für ein Engagement könnte sicher beliebig ergänzt werden. Eine Studie des Bundesministeriums für Familie, Senioren, Frauen und Jugend, listet folgende Handlungsfelder des bürgerlichen Engagements auf:

1. Sport und Bewegung
2. Kultur und Musik
3. Freizeit und Geselligkeit
4. Gesundheit
5. Soziales
6. Schule und Kindergarten
7. Bildungsarbeit für Jugendliche und Erwachsene
8. Umwelt-, Natur- und Tierschutz
9. Politik und politische Vertretung
10. Berufliche Interessenvertretung außerhalb des Betriebs
11. Kirchlich/religiöser Bereich
12. Justiz/Kriminalitätsprobleme
13. Unfall- und Rettungsdienst/Freiwillige Feuerwehr
14. Sonstige bürgerschaftliche Aktivitäten am Wohnort
15. Wirtschaftliche Selbsthilfe.

Diese Aufzählung ist sicherlich nicht abschließend. Doch gleich, welches Ziel man verfolgt: Gemeinsam ist man in der Regel nicht nur erfolgreicher, es macht auch zusammen mehr Freude. Zu den Fragen, wie Sie das richtige Aufgabenfeld für sich finden und ob Sie dabei ein Amt übernehmen wollen, kommen wir später. An dieser Stelle beschäftigen wir uns zunächst mit der Frage, in welchen Organisationsformen dieses Engagement stattfindet.

Für jedes der oben genannten Aufgabengebiete gibt es etablierte Institutionen, die Ihre Mitwirkung suchen. Ehrenamt ist ein begehrtes Gut. Auch wenn Sie nicht etwas Neues machen und keinen eigenen Verein gründen wollen, sollten Sie sich mit der Organisation des Trägers der ehrenamtlichen Arbeit beschäftigen. Zum einen hängt Ihre Rechtsstellung als Ehrenamtlicher in manchen Fällen von der Art des Trägers ab. Dies betrifft zum Beispiel die gesetzliche Unfallversicherung oder auch die Haftung der Aktiven. Zum anderen kommt man als engagierte Person manchmal schneller zu „Amt und Würden", als man das erwartet hat. Allein in den eingangs erwähnten 600.000 Vereinen gibt es neben den Vorstandsposten eine ganze Reihe von weiteren verantwortlichen Positionen. Wofür Sie als Kassenwart oder Vorstand verantwortlich sind, hängt auch von der jeweiligen Institution ab. Falls Sie also einmal vor der Frage stehen, ob Sie ein bestimmtes Amt übernehmen, so ist es hilfreich zu wissen, worauf Sie sich einlassen. Und letztlich ist es die Regel, dass ehrenamtlich Engagierte „Mitglied" der Organisation sind, für die sie tätig sind. Da ist es Ihr gutes Recht zu wissen, wie und wo Sie als einfaches Mitglied des Vereins mitreden und mitentscheiden können.

Wollen mehrere Personen (oder auch Institutionen) gemeinsam etwas unternehmen und ist dieser Zweck nicht auf einen Geschäftsbetrieb (auf Gewinnerzielung) gerichtet, so stellt sich die Frage, welche Rechtsform sie dafür wählen sollten. Es ist unmöglich, generell Aussagen zu treffen, welche Organisationsform für welche Situation zu empfehlen ist. Entsprechende Tipps stellen insofern lediglich eine grundsätzliche Empfehlung dar.

Zwei unter bestimmten Bedingungen gern gewählte Rechtsformen für einen nicht auf Gewinnerzielung gerichteten Zweck sind die Stiftung und neuerdings vermehrt die gemeinnützige Gesellschaft mit beschränkter Haftung (gGmbH). Bei beiden Formen bestehen hohe Anforderungen an die Gründung und sie setzen ein bestimmtes Gründungkapital voraus. Unter bestimmten Bedingungen können diese sinnvolle Rechtsformen für die Organisation eines Engagements sein. Dabei ist jedoch eine professionelle, das heißt anwaltliche Beratung bei der Gründung angeraten. Eine umfassende Darstellung dieser Rechtsformen erfolgt hier nicht. Stiftung und gGmbH folgen eigenen Regeln aus dem Stiftungs- beziehungsweise GmbH-Recht. Die Grundzüge des Vereinsrechts (zum Beispiel Vertretung, Steuerrecht, Gemeinnützigkeit usw.) können jedoch oft auf diese Rechtsformen übertragen werden. So regelt § 86 Bürgerliches Gesetzbuch (BGB) ausdrücklich die Anwendung bestimmter Vorschriften des Vereinsrechts auf eine Stiftung.

BGB-GESELLSCHAFT

Selbst wenn sich zum Beispiel aktive Bürger entschließen, ihre Gruppe zum Zweck der Nachbarschaftshilfe überhaupt nicht formal zu organisieren, sind sie rechtlich trotzdem eine Gemeinschaft. Viele glauben, dass keine Pflichten entstehen, wenn man keine Organisation (Verein usw.) gründet. Das ist falsch!

Der sogenannte informelle Zusammenschluss oder die Initiative stellt dann meist eine Gesellschaft bürgerlichen Rechts (kurz BGB-Gesellschaft) dar. Der BGB-Gesellschaft wird (anders als früher) zugebilligt, dass die Gesellschaft selbst (nicht jeweils die einzelnen Mitglieder) „Träger von Rechten und Pflichten" sein kann. Die BGB-Gesellschaft kann also etwas als Eigentümer kaufen, sonstige Verträge abschließen, klagen und verklagt werden, ja sogar als Eigentümer einer Immobilie ins Grundbuch eingetragen werden. Das nennt man gemeinhin „Rechtsfähigkeit". Somit kann die BGB-Gesellschaft für einen kurzfristigen Zweck mit feststehender Gruppenzusammensetzung durchaus geeignet sein, etwa wenn mehrere Personen oder Institutionen ein Sommerfest zur Unterstützung eines Hospizvereins veranstalten wollen. Auch in einer Gründungsphase, in der noch nicht genau klar ist, ob sich überhaupt genügend Gleichgesinnte finden oder aus anderen Gründen das Engagement dauerhaft sein wird, kann es sinnvoll sein, die Entwicklung erst mal abzuwarten und zunächst als BGB-Gesellschaft aktiv zu sein.

Als „Träger von Rechten und Pflichten" treffen auf die BGB-Gesellschaft aber alle Regeln zu, die für jeden Einzelnen oder jeden Zusammenschluss in unserer Gesellschaft gelten.

Eine Gruppe von Einzelpersonen, Firmen und Vereinen möchte unter dem Namen „Initiative Heimat" das Dorf bis zum 300-jährigen Dorfjubiläum im folgenden Jahr gemeinsam verschönern. Mit dem eingesammeltem Geld sollen Gartengeräte und Pflanzen gekauft werden. Weil die Mittel nicht reichen, führt man ein Dorffest durch, bei dem Überschuss erwirtschaftet wird. Weder die Gemeinde noch einer der beteiligten Vereine tritt als Veranstalter auf und über die Verwendung der Gelder entscheidet die Initiative in gemeinsamen Treffen. Es gibt keinen Vorstand oder sonstigen Vertreter.
Ohne detailliert in die Rechtsverhältnisse zu gehen, ist klar, dass die „Initiative Heimat" als BGB-Gesellschaft Käufer und dann Eigentümer der gekauften Geräte ist. Denn eine BGB-Gesellschaft sind sie allein deshalb, weil sie sich zu einem gemeinsamen Zweck zusammengefunden haben. Ebenso trifft die BGB-Gesellschaft die Steuerpflicht für die auf dem Dorffest erzielten Gewinne. Als Veranstalter des Festes wäre die BGB-Gesellschaft verantwortlich für die Verkehrssicherung, GEMA-Anmeldung usw.

Selbst bei den überschaubaren Rechtsverhältnissen aus dem Beispiel oben und der zeitlichen Befristung des gemeinsamen Zwecks sollte hier überlegt werden, ob die Gründung eines (nicht eingetragenen) Vereins möglicherweise die einfachere Lösung darstellt. Problematisch wird es mit den bestehenden Rechtsverhältnissen, wenn sich die Zusammensetzung der BGB-Gesellschaft ändert. Besonders deutlich wird das beim Grundbuch. Wenn nur eine Person der BGB-Gesellschaft ausscheidet oder hinzukommt, so muss das Grundbuch korrigiert werden. Eingetragen wird bei der BGB-Gesellschaft jedes einzelne Mitglied der Gesellschaft. Aber auch ohne Immobilie ist das kompliziert genug. In unserem Beispiel zuvor würde sich die Frage stellen, wem die gekauften Geräte genau gehören, wenn nach dem Kauf jemand nicht mehr mitmachen will oder ein anderer neu zur Initiative hinzukommt. Diese Abhängigkeit von der Zusammensetzung der Gemeinschaft ist ein wesentliches Hindernis, wenn man dauerhaft mit Menschen, in möglicherweise wechselnder Zusammensetzung, etwas bewirken will.

Tipp

Die BGB-Gesellschaft ist in der Regel nicht für längerfristige Tätigkeiten geeignet. Dies gilt selbst für einen reinen Förderverein. Allenfalls für eine frühe Phase der Gründung einer Initiative oder für eine einmalige Aktion („Spendenfest") außerhalb eines bestehenden Vereins (oder mit anderen Vereinen, Institutionen oder Personen zusammen) kann die BGB-Gesellschaft sinnvoll sein. Für alle anderen längerfristigen Projekte bietet sich als Alternative die Organisation in einem Verein an!

Fast noch wichtiger ist jedoch, dass in einer BGB-Gesellschaft alle Mitglieder jeweils unbeschränkt und mit ihrem Privatvermögen für alle Verbindlichkeiten der Gesellschaft haften. Dies nennt man „gesamtschuldnerische Haftung" (zu den Unterschieden zum Verein später ein Beispiel).

DER VEREIN IM ALLGEMEINEN

Die Regeln zum Verein finden sich vornehmlich im BGB in den §§ 21 bis 79. Ergänzend gibt es zum Beispiel zur Gemeinnützigkeit Vorschriften in der Abgabenordnung. Zuletzt wurden die §§ 31, 31a und 31b BGB (abgedruckt im Anhang, Seite 165 ff.) als die zentralen Vorschriften zur Haftung der Handelnden im Verein im April 2013 geändert, mit dem Ziel, die Haftung zu beschränken oder auszuschließen.

Der Verein existiert in verschiedenen Formen. Zwei grundlegende Unterscheidungen sind die Merkmale gemeinnützig bzw. nicht gemeinnützig sowie eingetragen bzw. nicht eingetragen.

Diese Merkmale können (beliebig) kombiniert vorliegen, sodass es vier häufige Formen des Vereins gibt:

- nicht eingetragen und nicht gemeinnützig,
- nicht eingetragen und gemeinnützig,
- eingetragen und nicht gemeinnützig,
- eingetragen und gemeinnützig.

Aus den verschiedenen Vereinsformen ergeben sich unterschiedliche Anforderungen an das Handeln des Vereins und an den Vorstand. Im Folgenden werden jedoch zunächst die Eigenschaften und Regelungen, die auf alle Vereine zutreffen, dargestellt. Die Besonderheiten, die sich aus der Eintragung ins Vereinsregister und der Anerkennung der Gemeinnützigkeit ergeben, folgen in gesonderten Kapiteln.

Hier behandelt wird der sogenannte Idealverein, das heißt der Verein, der einen nicht wirtschaftlichen, ideellen Zweck gemeinschaftlich verfolgt. Damit sind für den Verein nicht jede wirtschaftliche Tätigkeit und selbst die beabsichtigte Erzielung von Gewinnen im Einzelfall nicht ausgeschlossen. Zunächst soll jedoch genügen, dass dies nicht der vorrangige Zweck des Vereins sein darf.

Tipp

Informationen und Mustervorlagen für Vereine finden Sie insbesondere im kostenfreien Material des Bundesministeriums der Justiz „Leitfaden zum Vereinsrecht", der allerdings nicht bestellt, sondern nur als PDF-Datei heruntergeladen werden kann. Ebenfalls nützlich ist das kostenlose und auch in Papierversion erhältliche Material des Bayerischen Staatsministeriums der Justiz und für Verbraucherschutz „Rund um den Verein". Dort finden Sie auch Materialien zur hier nicht behandelten Auflösung eines Vereins. Die jeweiligen Internetadressen finden Sie im Anhang ab Seite 178.

Idealvereine gibt es als eingetragene und nicht eingetragene Vereine sowie mit oder ohne Anerkennung der Gemeinnützigkeit. Ein **Idealverein** weist immer folgende Merkmale auf:

- Er verfolgt auf Dauer einen gemeinsamen ideellen Zweck.
- Er ist ein Zusammenschluss mehrerer (natürlicher oder juristischer) Personen, der in der Gesamtheit von dem Aus- oder Beitritt Einzelner unabhängig ist.
- Er führt einen Vereinsnamen.
- Er hat einen Sitz (in Deutschland).
- Er hat einen Vorstand.
- Er hat eine Satzung.

Die Bedeutung der einzelnen Punkte wird im Folgenden eingehend behandelt.

IDEELLER ZWECK

Ein Idealverein braucht einen gemeinsamen (nicht wirtschaftlichen) **Zweck**, der auf Dauer angestrebt bzw. gefördert werden soll. Dies darf nicht verwechselt werden mit „gemeinnützig, mildtätig oder kirchlich" (siehe dazu in diesem Kapitel den Abschnitt „Der gemeinnützige Verein" ab Seite 39). Auch der Verein zur Förderung gewerblicher Interessen ist ein Idealverein, wenn er nicht selbst unternehmerisch am Markt tätig ist.

Selbst wenn der Zweck eines Vereins nicht auf die Erzielung eines Gewinns gerichtet ist, sind Vereine häufig darauf angewiesen, neben den Mitgliedsbeiträgen (und gegebenenfalls Spenden) Einnahmen zu erhalten, damit die Vereinsarbeit (im ideellen Bereich) finanziert werden kann. Auch der Verein, selbst der gemeinnützige Verein, darf sich wirtschaftlich betätigen. Das nennt man „Nebenerwerbsprivileg". Hier ist entscheidend, dass der formulierte Zweck des Vereins nicht in erster Linie eigenwirtschaftlich sein darf. Ziel des Vereins insgesamt darf nicht die Erzielung eines dauerhaften Überschusses sein (sogenannte Gewinnerzielungsabsicht).

Der Vereinszweck muss in der Satzung genannt sein (siehe dazu Seite 24 f.). Gerade bei einer angestrebten Gemeinnützigkeit sollte auf die Formulierung des Vereinszwecks große Sorgfalt verwendet werden. Eine nachträgliche Änderung des Vereinszwecks ist in der Praxis so gut wie nicht möglich, da dies nur mit (ausdrücklicher) Zustimmung aller Vereinsmitglieder gestattet ist. Die Enthaltung auch nur eines Vereinsmitglieds macht eine Zweckänderung unmöglich und selbst die Zustimmung von nicht zur Abstimmung erschienenen Mitgliedern muss nachfolgend schriftlich geschehen (vgl. § 33 BGB).

ORGANSCHAFTLICHE ORGANISATION

Für die **Gründung** eines Vereins benötigt man mindestens zwei Personen. Diese müssen sich auf eine Satzung einigen. Entsprechend dieser Satzung muss ein Vorstand gewählt werden. Es ist ein Gründungsprotokoll zu erstellen. Für die Eintragung des Vereins in das Vereinsregister benötigt man dann mindestens sieben Mitglieder (§ 59 Abs. 3 BGB). Sinkt die Mitgliederzahl später unter drei, muss der Vorstand die Auflösung im Vereinsregister veranlassen oder sie erfolgt durch das Gericht. Der Verein muss aber so organisiert sein, dass er unabhängig vom Bei- oder Austritt einzelner Mitglieder grundsätzlich in seinem Bestand nicht berührt wird, das ist die **organschaftliche Organisation.**

Gründungsmitglieder und sonstige (auch später beitretende) Mitglieder müssen selbst geschäftsfähig oder anderenfalls gesetzlich ordnungsgemäß vertreten sein. So müssen Minderjährige beim Beitritt gesetzlich vertreten sein, was in der Regel durch die Eltern geschieht. Es müssen nicht zwingend nur sogenannte natürliche Personen (Menschen) sein. Auch sogenannte juristische Personen (zum Beispiel GmbH, Aktiengesellschaften, andere Vereine oder auch Kommunen) können Mitglieder sein. Für den Verein kann es sehr vorteilhaft sein, etwa eine Bank bzw. Sparkasse, andere Vereine oder auch die Kommune als Mitglied (möglicherweise sogar als Vorstandsmitglied, siehe Seite 58) zu gewinnen.

Regelungen zum Bei- und Austritt sollen in der Satzung enthalten sein (siehe dazu in diesem Kapitel den Abschnitt „Satzung“ ab Seite 24).

VORSTAND

Jeder Verein muss (mindestens) einen Vorstand haben. Dabei verstehen die Mitglieder von Vereinen unter dem Begriff „Vorstand“ häufig etwas anders als Juristen. Ein Verein hat meist einen „Vorsitzenden“ und einen oder mehrere „Stellvertreter“. Daneben gibt es oft einen erweiterten oder beisitzenden Vorstand. Häufiger wird bestimmt, dass der Kassenwart oder zum Beispiel die Leitung der Jugendabteilung zum Vorstand zählt. All dies ist zulässig, macht aber aus diesen Personen keinen „Vorstand“ im rein juristischen Sinne (mit allen damit verbundenen Rechten und Pflichten).

Vorstand im juristischen Sinne sind diejenigen, die laut Vereinssatzung den Verein nach außen vertreten dürfen. Das nennt man häufig auch „Vorstand im Sinne des § 26 BGB“, da dort die Vertretungsbefugnis geregelt ist. Wer den Verein laut Satzung (auch eingeschränkt) vertreten darf, ist Vorstand. Wer dies nicht darf, ist kein Vorstand.

Kein Verein ohne Vorstand! Die Bedeutung des Vorstands kann kaum überschätzt werden. Details dazu finden Sie in Kapitel 3. Entscheidend ist: Der Verein muss jederzeit einen entsprechend der Satzung berufenen Vorstand haben. Hinweise zu Art und Dauer der Berufung bzw. Wahl finden Sie im Kapitel 3 im Abschnitt „Wahl und Amtszeit des Vorstands“ ab Seite 63.

VEREINSNAME UND -SITZ

Beim **Namen des Vereins** sollte darauf geachtet werden, dass dieser möglichst klar, eindeutig und zutreffend ist. Ein lokaler Verein darf sich nicht „Europäischer Dachverband“

nennen. Ein Vereinsname darf nicht nur aus einzelnen Buchstaben (Abkürzung) bestehen. Der Name soll sich von den Namen anderer Vereine am selben Ort deutlich unterscheiden (vgl. § 57 Abs. 2 BGB).

Prüfen Sie über die Suche im Internet, wer sonst unter einer für den Verein möglichen Abkürzung auftritt. Darüber hinaus sollten Sie klären, ob ein bestimmter oder ähnlicher Name für den Verein bereits markenrechtlich geschützt ist. Gleiche oder ähnliche (bereits markenrechtlich geschützte) Namen, mit denen eine Verwechslungsgefahr besteht, sollten keinesfalls gewählt werden, da hohe Kosten entstehen und sogar eine Umbenennung erforderlich sein kann, wenn sich ein Namensträger dagegen wehrt, dass ein Verein denselben oder einen sehr ähnlichen Namen benutzt. Dies gilt in der Regel sogar dann, wenn der Namensträger den Namen erst später gewählt hat, jedoch markenrechtlich durch Eintragung hat schützen lassen. Die Kosten für eine Eintragung Ihres Vereins sind im Vergleich zum anderenfalls möglichen Ärger gering und eine Anmeldung ist mittlerweile online (auch ohne anwaltliche Unterstützung) zu bewerkstelligen. Um Probleme zu vermeiden, sollte ein Verein seinen Namen selbst schützen lassen. Informationen finden Sie beim Deutschen Patent- und Markenamt: www.dpma.de

Als **Sitz des Vereins** gilt, wenn nichts anderes bestimmt ist, der Ort, an welchem die Verwaltung geführt wird (§ 24 BGB). Grundsätzlich darf jedoch auch ein anderer Ort bestimmt werden, was jedoch selten sinnvoll ist. Beim eingetragenen Verein ist der Sitz in die Satzung aufzunehmen. Eine Sitzverlegung bedarf bei diesen Fällen einer Satzungsänderung und der Eintragung in das Vereinsregister (vgl. § 57 BGB).

SATZUNG

Die bei jedem Verein erforderliche **Satzung** muss enthalten (§ 57 BGB):

- den Vereinszweck,
- den Namen des Vereins,
- den Sitz des Vereins (in Deutschland),
- den gegebenenfalls bestehenden Willen zur Eintragung im Vereinsregister.

Eine Mustersatzung finden Sie im „Leitfaden zum Vereinsrecht" auf der Internetseite des Bundesministeriums der Justiz und für Verbraucherschutz, www.bmjv.de.

Jede Satzungsänderung ist an spezielle Formalien gebunden und verursacht Aufwand. Beim eingetragenen Verein bedarf eine Satzungsänderung zu ihrer Wirksamkeit der Eintragung ins Vereinsregister, wodurch Kosten entstehen. Eine Änderung des „Muss-Inhalts" der Satzung (siehe Aufzählung oben) ist tatsächlich und rechtlich besonders schwierig. Dies sollte man nur ins Auge fassen, wenn es wirklich dringend geboten scheint.

Das Gesetz nennt weitere Punkte, die in der Satzung geregelt sein sollten (§ 58 BGB):

- Regelungen zum Ein- und Austritt der Mitglieder,
- Regelungen, ob und in welcher Höhe sowie in welcher Form Mitgliedsbeiträge zu leisten sind,
- Bestimmungen über die Bildung des Vorstands,
- wann und wie die Mitgliederversammlung zu berufen ist,
- Regelungen zur Beurkundung von Beschlüssen.

Der **Vereinszweck** muss in der Satzung genannt sein. Es ist hilfreich, den Zweck deutlich zu verankern. Ist es ein Fachverband, ist politische Lobbyarbeit, Fortbildungstätigkeit oder praktische Arbeit vor Ort beabsichtigt? Eine genaue Benennung ist nicht nur für eine mögliche Beantragung der Gemeinnützigkeit, sondern auch für das Auftreten in der Öffentlichkeit nützlich.

Gemeinnützige Vereine haben rechtlich erhebliche Vorteile (siehe hierzu „Der gemeinnützige Verein" ab Seite 39). Die Arbeit der Vereine wird insbesondere durch Steuervorteile und die Möglichkeit, Spendenquittungen auszustellen, gefördert. Gemeinnützig sind Vereine, deren Tätigkeit darauf gerichtet ist,

- in gemeinnütziger Weise die Allgemeinheit auf materiellem, geistigem oder sittlichem Gebiet selbstlos zu fördern (§ 52 AO),
- in mildtätiger Weise hilfsbedürftige oder einkommensschwache Personen selbstlos zu unterstützen (§ 53 AO),
- mit kirchlicher Tätigkeit die Religionsgemeinschaften des öffentlichen Rechts selbstlos fördern zu wollen (§ 54 AO).

Ist Gemeinnützigkeit angestrebt, so ist schon bei der Beschreibung des Vereinszwecks in der Satzung darauf zu achten, dass der gemeinnützige Zweck dort eindeutig zum Ausdruck kommt. Sind mehrere Zwecke vorhanden, muss jeder „gemeinnützig" sein, um die Anerkennung zu erlangen.

Weitere Anforderungen an die Satzung eines gemeinnützigen Vereins erfahren Sie im Abschnitt „Der gemeinnützige Verein" ab Seite 39. Diese Ausführungen gelten ergänzend zu den hier dargelegten Anforderungen.

Fehlt in der Satzung ein Hinweis auf die **beabsichtigte Eintragung** ins Vereinsregister oder die Angabe eines **Sitzes in**

Deutschland, so wird der Antrag auf Eintragung zurückgewiesen. Für ausländische Vereine gelten spezielle Regelungen.

Regelungen zum Eintritt und Austritt sollen in der Satzung enthalten sein. Im Verein im Allgemeinen gibt es keinen Anspruch auf **Beitritt**. In einem gemeinnützigen Verein darf niemand willkürlich abgelehnt werden. Die Zahl der aktiven Mitglieder kann aus sachlichen Gründen begrenzt oder an bestimmte Anforderungen (Ausbildung oder Besuch bestimmter Fortbildungen) geknüpft werden. Ist in der Satzung keine weitere Regelung getroffen, so reicht eine formlose Beitrittserklärung. Es ist nicht wahrscheinlich, aber auch nicht auszuschließen, dass jemand aus (erkennbar) unseriösen oder rein wirtschaftlichen Gründen Mitglied Ihres Vereins werden will. Das kann etwa im Fall eines Nachbarschaftshilfe-Vereins sein, der regional Unterstützung für ältere Mitbürger anbietet. Ein Anbieter von Seniorenbusreisen oder Seniorenprodukten will vielleicht Mitglied werden, weil er sich über die Kontakte neue Kundschaft erschließen kann.

Ein solcher sachlicher Grund kann auch im gemeinnützigen Verein Grund für die Ablehnung einer beantragten Mitgliedschaft sein. Ist ein Mitglied aber erst mal aufgenommen, so ist es deutlich schwerer, es später aus demselben Grund wieder auszuschließen. Deshalb scheint es sinnvoll, vorsorglich ein Beitrittsverfahren in der Satzung festzulegen.

Vorschlag für eine Satzungsformulierung: *„Der Vorstand beschließt mit relativer Mehrheit über einen Aufnahmeantrag. Im Fall der Annahme wird diese mit Bekanntgabe an die beantragende Person wirksam. Eine Ablehnung bedarf einer Begründung (bei einem nicht gemeinnützigen Verein kann auf eine Begründung verzichtet werden). (Mögliche Ergänzung:) Im Falle der Ablehnung eines Antrags kann eine Entscheidung der nächsten Mitgliederversammlung durch die betroffene Person verlangt werden."*

Das Recht zum **Austritt** darf nicht ausgeschlossen werden. Die **Kündigungsfrist** darf maximal zwei Jahre betragen.

Ein ausscheidendes Mitglied hat keinen Anspruch auf einen Anteil des Vereinsvermögens. Zur Klarstellung kann dies in die Satzung aufgenommen werden.

01

Nicht gesetzlich vorgeschrieben, aber sehr zu empfehlen ist eine Satzungsregelung zum **Ausschluss** von Mitgliedern. Grundsätzlich kann ein Vereinsmitglied auch ohne Satzungsregelung ausgeschlossen werden, wenn ein wichtiger Grund vorliegt, etwa wenn die Interessen des Vereins durch das Mitglied oder seine Mitgliedschaft geschädigt werden. Da dem Mitglied damit aber seine Rechte entzogen werden, darf ein Ausschluss nicht in das freie Ermessen des zuständigen Vereinsorgans gestellt werden.

Vorschlag für eine Satzungsformulierung: *„Einen Antrag auf Ausschluss kann jedes Mitglied des Vereins oder ein Vorstandsmitglied beim Vorstand stellen. Gründe für einen Ausschluss sind unter anderem die fortgesetzte Nichtzahlung von Beiträgen, der fortgesetzte oder gravierende Verstoß gegen Vereinspflichten, vereinsschädigendes Verhalten oder ähnlich schwerwiegende Gründe. Der Vorstand kann einen Ausschluss einmütig beschließen. Im Falle der Ablehnung eines Antrags auf Ausschluss können 10 Prozent der Mitglieder eine Abstimmung der Mitgliederversammlung verlangen. Die Mitgliederversammlung kann mit einer Mehrheit von ¾ der abgegebenen Stimmen einen Ausschluss beschließen. Der Ausschluss wird durch Bekanntgabe an die ausgeschlossene Person wirksam. Überzahlte Mitgliedsbeiträge sind zu erstatten."*

Die Erhebung von **Mitgliedsbeiträgen** benötigt eine Grundlage in der Satzung. Es scheint aber nicht sinnvoll und ist auch nicht erforderlich, dass die genaue Höhe der Beiträge in der Satzung genannt ist. Anderenfalls muss die Satzung bei jeder Änderung des Mitgliedsbeitrags geändert werden.

Werk- oder Dienstleistung („Arbeitsstunden") können Teil der Beitragspflicht sein. In diesem Fall müssen die Regelungen in der Satzung so formuliert sein, dass die Einhaltung von arbeitsrechtlichen Schutzvorschriften gewährleistet werden kann. Möglich ist beispielsweise eine Satzungsbestimmung, nach der die Hälfte des Mitgliedsbeitrags durch Arbeitsleistungen entrichtet werden kann. Detaillierte Bestimmungen zur Höhe und Abwicklung sollen auch in einem solchen Fall außerhalb der Satzung getroffen werden.

In der Satzung muss geregelt sein, wer für die Festlegung des Beitrags zuständig ist. Hierbei kann auch die in dem Gremium (zum Beispiel Vorstand, erweiterter Vorstand, Mitgliederversammlung) dafür erforderliche Mehrheit festgelegt werden. Die Bestimmung der Höhe der Beiträge durch die Mitgliederversammlung dürfte in der Regel sinnvoll sein, da letztlich deren Akzeptanz erforderlich ist. Ohne deren mehrheitliche Zustimmung sind anderenfalls vermehrte Austritte zu befürchten.

Es darf grundsätzlich ein Betrag als Beitrittsgebühr erhoben werden. Bei einem gemeinnützigen Verein dürfen Mitgliedsbeitrag und Beitrittsgebühr nicht so hoch sein, dass die Mitgliedschaft für weite Bevölkerungskreise praktisch ausgeschlossen wird. Bei Vereinen, deren Tätigkeit in erster Linie ihren Mitgliedern zugutekommt (zum Beispiel Sportvereine), ist eine Förderung der Allgemeinheit noch anzunehmen,

- wenn die Mitgliedsbeiträge im Durchschnitt 1.023 Euro je Mitglied und Jahr

und

- wenn die Aufnahmegebühren für die im Jahr aufgenommenen Mitglieder im Durchschnitt 1.534 Euro nicht übersteigen.

In der Satzung sollen Regelungen über die Einberufung der Mitgliederversammlung enthalten sein. Details dazu lesen Sie in Kapitel 2 ab Seite 47.

Aus den bisherigen Ausführungen ergibt sich, dass das wichtigste Regelungswerk für den Verein seine eigene Satzung ist! Beim eingetragenen Verein sind Änderungen der Satzung anzumelden und einzutragen. Die Satzung ist ein bedeutendes Kriterium bei der Entscheidung über die Gemeinnützigkeit. Bei einer Eintragung prüft das Registergericht, ob die gesetzlichen Anforderungen erfüllt sind. Das Gericht prüft aber nicht, ob die Satzungsbestimmungen bei Eintragung in das Vereinsregister sinnvoll für den Verein sind oder im Weiteren den Anforderungen des Vereinslebens gerecht werden. Deshalb ist es Aufgabe des Vorstands, dies im Auge zu behalten. Der Vorstand kann sich bei der Erstellung oder späteren Überarbeitung einer Satzung gegebenenfalls der Unterstützung von Fachleuten bedienen, die auf Vereinsrecht spezialisiert sind.

Beschlüsse, die die Satzung ändern, müssen beim eingetragenen Verein zu ihrer Wirksamkeit im Vereinsregister eingetragen werden.

Das **Vereinsrecht** ist vornehmlich im Bürgerlichen Gesetzbuch (BGB) ab § 21 geregelt. Viel entscheidender aber für das Vereinsleben, das Erreichen des gemeinsamen Zwecks und vor allem die Bewältigung von Problemen im Verein ist die eigene Satzung. Einige Vorschriften im BGB sind zwingend und können nicht verändert werden. Wenige der Vorschriften können völlig ausgeschlossen werden. Häufig können Regeln angepasst, aber nicht ausgeschlossen werden.

Zum Schutz von Minderheiten im Verein sollen nach § 37 BGB im Zweifel 10 Prozent der Mitglieder die Einberufung einer Mitgliederversammlung verlangen (und auch durchsetzen) können. Nun kann die Satzung zum Beispiel bestimmen, dass dies bereits von 5 Prozent oder erst von über 30 Prozent der Mitglieder verlangt werden kann. Unzulässig wäre aber eine Regel, nach der nur 50 Prozent oder mehr dieses Recht hätten, denn dann könnte keine noch so große Minderheit mehr eine Mitgliederversammlung durchsetzen.

Gerade dieses Beispiel zeigt drei wichtige Punkte auf.

1. Das Gesetz gibt (nur) Grundregeln vor. Diese gelten für den Kegelverein genauso wie für den Fußballbundesligaverein.

2. Die bestehenden Regeln sollen in bestimmten Grenzen so angepasst werden können, dass sie für den einzelnen Verein praktikabel sind. Der Regelungsort dafür ist die Satzung. Die Satzung ist die zentrale Grundlage für die Vereinsarbeit.

3. Die Mitgliederversammlung ist der Ort, an dem Wichtiges für den Verein berichtet, besprochen und entschieden werden soll. Der Versammlung und der Einladung hierzu kommen besondere Bedeutung zu (siehe dazu auch Kapitel 2 „Die Mitgliederversammlung“).

Grundsätzlich hat jede Stimme eines Vereinsmitglieds dasselbe Gewicht. In der Satzung kann davon abgewichen werden. So können ein mehrfaches Stimmrecht oder eine unterschiedliche Gewichtung festgelegt werden. Dem Vertreter des Vereinsmitglieds „Kommune" kann zum Beispiel ein stärkerer Einfluss eingeräumt werden. Dabei darf die Satzung jedoch nicht so weit gehen, dass Einzelnen oder einer kleinen Gruppe ein durch die sonstigen Mitglieder nicht zu überstimmender Einfluss gewährt wird. Von dem Grundsatz „ein Mitglied = eine Stimme" sollte nur in begründeten Einzelfällen abgewichen werden.

Auch außerhalb einer einberufenen Mitgliederversammlung ist theoretisch eine Beschlussfassung der Mitglieder möglich. Ohne eine besondere Regelung in der Satzung müssen dann aber alle Vereinsmitglieder dem schriftlich oder mit elektronischer Erklärung (mit elektronischer Signatur) zustimmen. Dennoch sollte man nur bei überregionalen Vereinen überlegen, ob man wirklich eine Möglichkeit zur Abstimmung außerhalb einer Mitgliederversammlung in die Satzung bringt, bei der „geringere" Mehrheiten ausreichen. Es besteht die Gefahr, dass die zentrale Bedeutung der Mitgliederversammlung ausgehöhlt wird und der Vorstand sich seine Vorstellungen nur noch schriftlich abnicken lässt.

Kein Recht eines Mitglieds ist vererblich oder übertragbar. Das gilt auch für das Stimmrecht. Die Satzung kann jedoch erlauben, dass die Mitgliederrechte und damit das Stimmrecht durch einen Vertreter ausgeübt werden können. Daran können besondere Anforderungen geknüpft sein. Zu bedenken ist, dass die Stimmrechtsübertragung erheblichen Mehraufwand (Prüfung der Übertragung, Stimmkartenausgabe usw.) bedeuten kann. Andererseits erhöhen sich dadurch die Legitimation und die Akzeptanz von Entscheidungen. Eine eindeutig zu bevorzugende Regelung gibt es nicht.

Falls man sich für die Übertragung entscheidet, hier ein **Vorschlag für eine Satzungsformulierung**: *„Jedes Mitglied hat eine Stimme. Das Stimmrecht auf der Mitgliederversammlung kann auf ein anderes Mitglied übertragen werden. Eine entsprechende schriftliche Erklärung muss vor Sitzungsbeginn dem Vorstand vorliegen. Kein Mitglied kann mehr als fünf Stimmrechte ausüben."*

Die hier vorgeschlagene Beschränkung zum Beispiel auf maximal fünf Stimmen soll zumindest erschweren oder eindämmen, dass ein Mitglied im Vorfeld einer Mitgliederversammlung bei vermutlich nicht erscheinenden Mitgliedern Stimmen für seine Interessen einsammelt.

Hinsichtlich der Mehrheiten im Verein und insbesondere in der Mitgliederversammlung gibt es nur wenige gesetzliche Vorgaben: Bei den „normalen" Beschlüssen (§ 32 I 3 BGB) ist die relative Mehrheit vorgesehen. Für die Satzungsänderung (§ 33 I 1 BGB) oder die Vereinsauflösung (§ 41 BGB) ist eine qualifizierte Mehrheit von ¾ der abgegebenen Stimmen notwendig. Diese Mehrheiten können durch Satzung geändert werden.

Die Zustimmung aller ist für die Zweckänderung des Vereins vorgesehen. Hiervon kann auch in der Satzung nicht abgewichen werden.

Mehrheiten bei Beschlüssen im Verein:

Relative Mehrheit oder Mehrheit der abgegebenen Stimmen	Mehr Stimmen (mindestens eine Stimme) als jede andere Alternative.	Gesetzlicher Regelfall (§ 32 I 3 BGB) für Beschlüsse
Einfache Mehrheit	Mehrheit (mindestens eine Stimme) der gültigen, abgegebenen Stimmen. Nicht abgegebene und ungültige Stimmen sind unbeachtlich. Enthaltungen wirken quasi wie Gegenstimmen.	Weder gesetzlich vorgesehen noch in Satzungen üblich
Absolute Mehrheit	Mehrheit aller möglichen Stimmen	Für keinen Fall gesetzlich vorgeschrieben, jedoch in der Satzung möglich
Qualifizierte Mehrheit	Mehr Stimmen als bei allen anderen Fällen. Dazu sind alle Varianten möglich (zum Beispiel absolute Mehrheit plus eine Stimme). Häufigste Form $^{2}/_{3}$ oder ¾ der gültigen, abgegebenen Stimmen. Nicht abgegebene und ungültige Stimmen sind unbeachtlich. Enthaltungen wirken quasi wie Gegenstimmen.	Für Satzungsänderungen in Höhe von ¾ nach § 33 I 1 BGB gesetzlich vorgeschrieben
Einmütig	Ohne Gegenstimmen, jedoch Enthaltungen möglich. Nicht abgegebene und ungültige Stimmen sind unbeachtlich.	Für keinen Fall gesetzlich vorgeschrieben, jedoch in der Satzung möglich. Selbst bei grundlegenden Fragen nicht zu empfehlen (Personen die als „Akkordstörer" grundsätzlich gegen die Mehrheit stimmen, können so jede Entscheidung oder Entwicklung verhindern)
Einstimmig	Alle abgegebenen Stimmen positiv. Keine Gegenstimmen oder Enthaltungen. Nicht abgegebene und ungültige Stimmen sind unbeachtlich.	Für keinen Fall gesetzlich vorgeschrieben, jedoch in der Satzung möglich. Selbst bei grundlegenden Fragen nicht zu empfehlen („Akkordstörer")
Zustimmung aller	Zustimmung aller Stimmberechtigten. Keine Gegenstimmen oder Enthaltungen möglich. Nicht abgegebene und ungültige Stimmen führen zur Ablehnung.	Für Zweckänderung und Änderung der Rechtsform des Vereins gesetzlich vorgeschrieben. Für Beschlüsse außerhalb einer Mitgliederversammlung erforderlich
Zustimmung Rechteinhaber	Zustimmung desjenigen, dessen Rechte betroffen sind (Sonderrechtsinhaber), dieser muss unabhängig von erforderlicher Mehrheit zustimmen.	Nach § 35 BGB erforderlich

Der Verein ist eine sogenannte juristische Person. Das bedeutet, dass zum Beispiel beim Kauf von Gegenständen nicht die einzelnen Mitglieder den Kaufpreis schulden und Eigentümer werden, sondern der Verein als Ganzes. Ändert sich die Zusammensetzung des Vereins (Eintritt oder Austritt), so hat dies auf den Verein und seine Rechtsstellung keine unmittelbare Auswirkung. Es gibt grundsätzlich keinen Anspruch auf Beitritt (Ausnahme ist der gemeinnützige Verein). Das Recht zum Austritt darf nicht ausgeschlossen werden. Eine Kündigungsfrist darf maximal zwei Jahre betragen.

Als juristische Person haftet der Verein mit seinem Vermögen. Das bedeutet, dass der Verein mit dem gesamten Vereinsvermögen für Ansprüche haftet, die aus dem Handeln des Vorstands (oder eines anderen durch die Satzung berufenen Vertreters) resultieren. Details hierzu lesen Sie im Abschnitt „Haftung des Vereins" ab Seite 86.

Reicht das Vereinsvermögen nicht aus, um Forderungen gegen den Verein zu begleichen, so besteht keine Nachschusspflicht der Mitglieder. Eine solche kann in engen Grenzen in der Satzung festgelegt werden, ist jedoch weder üblich noch anzuraten. Der Vorstand muss in einem solchen Fall der Zahlungsunfähigkeit gegebenenfalls Insolvenz für den Verein beantragen. Das heißt jedoch nicht, dass neben dem Verein nicht noch jemand anderer haftet (zum Beispiel der Vorstand, siehe hierzu „Haftung des Vorstands" ab Seite 71).

Das einfache Mitglied haftet für Forderungen gegen den Verein nur mit dem bereits gezahlten oder zu zahlenden Mitgliedsbeitrag. Eine persönliche Haftung mit dem Privatvermögen (außerhalb des Vereins) gibt es für solche Forderungen nicht.

Ein Mitglied kann, obwohl es nicht Vorstand ist, im Einzelfall aber haften, sofern ihm durch die Satzung eine Aufgabe übertragen ist (zum Beispiel Kassenwart) und hieraus ein Anspruch entsteht. Dies ist jedoch keine Haftung für den Verein, sondern eine Haftung für eigene Fehler. Wir werden in Kapitel 5 sehen, dass auch diese eigene Haftung des Vereinsmitglieds eingeschränkt ist. Im nicht eingetragenen Verein haftet auch derjenige, der für den Verein handelt, auch wenn dies ausdrücklich im Namen des Vereins erfolgt.

In beiden Fällen kommt seit April 2013 einem (ausnahmsweise) haftenden Vereinsmitglied eine sehr weitgehende Haftungsbeschränkung zugute. Die Frage der Haftung im Verein (Verein, Vereinsvorstand und Vereinsmitglied) wird im Zusammenhang in Kapitel 4 „Der Verein und seine Pflichten" ab Seite 85 erörtert.

DER NICHT EINGETRAGENE VEREIN

Der nicht eingetragene Verein wurde und wird zum Teil noch heute als „nicht rechtsfähiger Verein" bezeichnet. Diese Bezeichnung ist jedoch eher verwirrend als hilfreich. Früher wurde dem nicht eingetragenen Verein nur sehr eingeschränkt eine „Rechtsfähigkeit" zuerkannt. Es ist jedoch völlig unbestritten, dass der nicht eingetragene Verein Träger von Rechten und Pflichten sein kann. Der Verein kann verklagt werden und selbst klagen, kann ins Grundbuch eingetragen werden, Eigentümer sein und Verträge jeglicher Art abschließen. Kurz, der nicht eingetragene Verein (nicht rechtsfähige Verein) ist **voll rechtsfähig**.

Der nicht eingetragene Verein kann sogar gemeinnützig sein, wenn er die Voraussetzungen erfüllt (siehe dazu ab Seite 39). Der wesentliche noch bestehende Unterschied zum eingetragenen Verein liegt im Bereich der **Haftung**. Im nicht eingetragenen Verein haftet außer dem Verein und dem Vorstand immer auch derjenige, der für den Verein handelt (vgl. § 54 Abs. 2 BGB). Das gilt auch für Rechtsgeschäfte, die ausdrücklich im Namen des Vereins abgeschlossen wurden.

Der Vorstand des nicht eingetragenen Vereins beauftragt das einfache Vereinsmitglied A., das Sommerfest zu organisieren. Dafür mietet A. ein Festzelt im Namen des Vereins. Hier haftet A. mit seinem Privatvermögen für die Zeltmiete. Im eingetragenen Verein wäre dies nicht der Fall, es sei denn A. hätte eine eigene vertragliche Verpflichtung übernommen.

Letztlich ist die Eintragung eines Vereins folglich eine Haftungsbeschränkung für Vereinsmitglieder außerhalb des Vorstands. Häufig wird argumentiert, dass die Eintragung eines Vereins keine Vorteile bringt und nur Kosten und Aufwand (zum Beispiel bei der Eintragung von Änderungen) bedeutet. Die Unterschiede sind tatsächlich nicht sehr groß. Anderseits werden wir gleich im nächsten Abschnitt sehen, dass sich Aufwand und Kosten für die Eintragung in Grenzen halten. Die Eintragung hat über die erwähnte Beschränkung der Haftung hinaus den Vorteil der Publizität. Jeder kann über das Vereinsregister erkennen, „mit wem er es zu tun hat" und wer zum Beispiel zur Vertretung des Vereins berechtigt ist. Sofern nicht besondere Gründe oder eine historisch gewachsene Situation dagegen sprechen, dürfte in den meisten Fällen die Eintragung eines Vereins sinnvoll sein.

DER EINGETRAGENE VEREIN

Wie gerade dargelegt, besteht der wesentliche Unterschied zwischen dem nicht eingetragenen Verein und dem eingetragenen Verein in der Haftung der Vereinsmitglieder außerhalb des Vorstands und der Publizität, die durch die Eintragung bewirkt wird. Ist eine Eintragung beabsichtigt, so muss dies in der Satzung erwähnt sein.

Vorschlag für eine Satzungsformulierung: *„Der Verein führt den Name ‚ABC'. Er soll in das Vereinsregister eingetragen werden und führt nach erfolgter Eintragung den Zusatz ‚e.V.'"* Der letzte Halbsatz ist eigentlich entbehrlich, da das Gesetz bestimmt (§ 65 BGB), dass der Verein mit Eintragung den Zusatz „e.V." erhält. Zur Klarstellung ist er dennoch zu empfehlen.

Vorsicht

Der Zusatz „e.V." darf nicht ohne oder vor einer erfolgten Eintragung geführt werden. Ein Verstoß kann nach dem Gesetz gegen unlauteren Wettbewerb unter anderem abgemahnt werden und auch sonst unangenehme Folgen haben.

Die Anmeldung ist von dem nach der Satzung vertretungsberechtigten Vorstand zu beantragen. Zuständig ist grundsätzlich das Amtsgericht, in dem sich der Sitz des Vereins befindet. Die Länder können jedoch die Zuständigkeit abweichend regeln (§ 77 Abs. 5 BGB). Im Rahmen der Umstellung auf elektronische Register haben viele Länder hiervon Gebrauch gemacht und die Zuständigkeit auf ein oder wenige Amtsgerichte im jeweiligen Bundesland konzentriert.

Die Bundesländer haben ein gemeinsames Registerportal geschaffen. Hierüber stehen die Handels-, Genossenschafts- und Partnerschaftsregister sowie zum Teil die Vereinsregister aller Bundesländer zur Online-Registereinsicht zur Verfügung.

Das zuständige Registergericht können Sie über das Amtsgericht am Sitz des Vereins oder die Internetseite www.justiz.de/bundlaender/index.php in Erfahrung bringen.

Dort, wo die Beantragung der Eintragung in elektronischer Form zulässig ist, kann sie weiterhin auch in „Papierform" erfolgen. Diese ist erfahrungsgemäß (wegen der einzureichenden Unterlagen) am wenigsten fehlerträchtig.

Das Gericht kann, darf und wird in aller Regel keine Rechtsberatung im Einzelfall leisten. Insbesondere wird nicht darauf geachtet, ob der Satzungsinhalt sinnvoll ist. Das Gericht hat lediglich die Aufgabe, zu überprüfen, ob die gesetzlichen Anforderungen an die Satzung und den Eintragungsantrag erfüllt sind. Gerade bei der Gründung sollte überlegt werden, ob außer den Mustersatzungen zum Beispiel der verschiedenen Ministerien zusätzlich professionelle Hilfe in Anspruch genommen wird.

Erforderlich für einen Eintragungsantrag sind folgende Unterlagen (§ 59 BGB):

- Antrag auf Eintragung (sogenanntes Anmeldungsschreiben). Der Antrag muss eine beglaubigte Unterschrift des vertretungsberechtigten Vorstands enthalten sowie Name, Geburtsdatum und Anschrift aller Vorstandsmitglieder.
- Abschrift (in der Regel eine Kopie) der Unterlagen, aus denen sich die Bestellung des Vorstands ergibt (in der Regel das Gründungsprotokoll).
- Abschrift der Satzung, aus der erkennbar ist, dass das Original der Satzung von mindestens sieben Mitgliedern unterschrieben ist. Häufig erfolgt dies durch Vorlage des Originals.

Tipp

Ein Muster für die Erstanmeldung des Vereins finden Sie auf der Seite des Bundesministeriums der Justiz und für Verbraucherschutz: www.bmjv.de. Geben Sie in das Suchfeld den Begriff „Vereinsrecht“ ein.

Die Kosten für die erstmalige Eintragung setzen sich aus den Beglaubigungskosten (zum Beispiel beim Notar) und den gerichtlichen Gebühren zusammen. Die Gerichtskosten richten sich nach dem sogenannten Geschäftswert und betragen derzeit (Stand: August 2014) meist 52 Euro zuzüglich möglicher Veröffentlichungskosten. Die Notarkosten für die Beglaubigung einer Unterschrift betragen mindestens 10 Euro und höchstens 130 Euro.

Alle Änderungen im vertretungsberechtigten Vorstand oder Änderungen in der Satzung müssen von den Vorstandsmitgliedern in vertretungsberechtigter Zahl in notariell beglaubigter Form zur Eintragung angemeldet werden. Bei Vorstandsänderungen ist eine Fotokopie des Wahlprotokolls beizufügen. Dort, wo das Vereinsregister elektronisch geführt wird, verlangen die Gerichte üblicherweise auch eine (kostenfreie elektronische) Mitteilung, wenn sich die Zusammensetzung des Vorstands nach einer Wahl nicht geändert hat.

Bei Satzungsänderungen ist das Protokoll, aus dem sich die Satzungsänderung ergibt, in Abschrift (Fotokopie) beizufügen. Der vollständige Wortlaut der beschlossenen Satzungsänderung(en) muss sich direkt aus dem Protokoll ergeben. Zusätzlich muss der aktuelle Wortlaut der Satzung bei der Anmeldung beigefügt werden.

Für die Wirksamkeit einer Vorstandswahl ist außer der satzungsgemäßen Bestimmung (etwa durch eine Wahl) „nur" erforderlich, dass der neue Vorstand die Wahl annimmt. Eine Eintragung ist sinnvoll, aber für die Wirksamkeit der Wahl nicht erforderlich. Solange der abgelöste Vorstand jedoch im Vereinsregister eingetragen ist, kann dieser den Verein noch wirksam nach außen vertreten, es sei denn, der Geschäftspartner weiß nachweislich, dass ein neuer Vorstand vorhanden ist.

Vorsicht

Ein eingetragener Verein ist nicht mit einem steuerbegünstigten (gemeinnützigen, mildtätigen, kirchlichen) Verein gleichzusetzen.

Sowohl der eingetragene als auch der nicht eingetragene Verein können gemeinnützig sein. Zuständig für die Bescheinigung über die Anerkennung als gemeinnützig, mildtätig oder kirchlich ist das örtliche Finanzamt.

DER GEMEINNÜTZIGE VEREIN

Für Vereine, deren Zweck gesellschaftlich besonders erwünscht ist, bietet der Gesetzgeber besondere Regelungen. Diese liegen unter anderem in steuerlichen Vorteilen, in der Möglichkeit, steuerlich wirksame Spendenquittungen auszustellen und in Vergünstigungen bei der Behandlung von Zahlungen an Ehrenamtliche.

Diese Vereine werden gemeinhin als „gemeinnützige Vereine“ bezeichnet. Förderungsfähig sind jedoch sowohl gemeinnützige als auch mildtätige und kirchliche Zwecke. Entsprechend dem allgemeinen Sprachgebrauch wird auch im Weiteren für alle drei Formen gemeinsam die verkürzte Bezeichnung „gemeinnütziger Verein“ verwendet.

Die **steuerbegünstigten Zwecke** im Sinne der Abgabenordnung (AO) sind

- gemeinnützige Zwecke (§ 52 AO),
- mildtätige Zwecke (§ 53 AO),
- kirchliche Zwecke (§ 54 AO).

Tipp

Sofern eine Steuervergünstigung für einen Verein angestrebt wird, sollte die Satzung dem Finanzamt zur Stellungnahme vorgelegt werden, bevor die Eintragung ins Vereinsregister beantragt wird.

Die knapp 30 vom Gesetzgeber anerkannten **gemeinnützigen Zwecke** sind in § 52 AO in insgesamt 25 Ziffern aufgeführt (siehe Seite 166 ff.). Diese Aufzählung im Gesetz ist nicht abschließend. Weitere Zwecke können als gemeinnützig anerkannt werden. Durch das Bundesministerium der Finanzen (BMF) erging ein 255 Seiten umfassender Anwendungserlass zur Abgabenordnung (AEAO) (Stand: 31. Januar 2014). Allein die Ausführungen zur Gemeinnützig- und Mildtätigkeit sowie den kirchlichen Zwecken umfassen mehr als zehn Seiten. Die Ausführungen sind so detailliert, dass unter anderem die Frage beantwortet wird, ob Tipp-Kickvereine förderungswürdigen Sport betreiben (was verneint wird).

Vorschlag für eine Satzungsformulierung: *„Abs. 1) Der Zweck des Vereins ist ... (hier eine möglichst genaue Beschreibung jedes einzelnen Vereinszwecks).*

Abs. 2) Der Verein verfolgt ausschließlich und unmittelbar gemeinnützige/mildtätige/kirchliche Zwecke (nicht verfolgte

Zwecke streichen) im Sinne des Abschnitts ,Steuerbegünstigte Zwecke' der Abgabenordnung.

Abs. 3) Der Verein ist selbstlos tätig; er verfolgt nicht in erster Linie eigenwirtschaftliche Zwecke. Mittel des Vereins dürfen nur für die satzungsmäßigen Zwecke verwendet werden. Die Mitglieder erhalten keine unangemessen Zuwendungen aus Mitteln des Vereins. Es darf keine Person durch Ausgaben, die dem Zweck der Körperschaft fremd sind, oder durch unverhältnismäßig hohe Vergütungen begünstigt werden."

Auch Fördervereine, deren Zweck sich darauf beschränkt, Mittel für die steuerbegünstigten Zwecke einer anderen Körperschaft (zum Beispiel der Förderverein des Musikvereins) zu beschaffen, können grundsätzlich gemeinnützig sein. Die Beschaffung von Mitteln muss dazu als Satzungszweck festgelegt sein, ebenso der steuerbegünstigte Zweck, für den die Mittel beschafft werden.

Die Anerkennung als gemeinnütziger Verein umfasst verschiedene Vorteile. Die wirtschaftlichen Aktivitäten des Vereins werden auf vielfältige Weise vom Gesetzgeber begünstigt. Zu den steuerlichen Vorteilen im Detail lesen Sie bitte den Abschnitt „Steuerpflicht des Vereins" ab Seite 104.

Ferner ist der gemeinnützige Verein berechtigt, bei Vorliegen der Voraussetzungen Spendenquittungen auszustellen. Dies erleichtert es dem Verein ungemein, Mittel für den angestrebten gemeinnützigen Zweck zu akquirieren. Der gemeinnützige Verein kann für freiwillige Zuwendungen an den Verein sogenannte Zuwendungsbescheinigungen („Spendenquittungen") ausstellen. Auch ein Vereinsmitglied kann dem Verein etwas spenden oder auch auf den Ersatz von Kosten beziehungsweise die Zahlung einer Aufwandsentschädigung verzichten. Diese sogenannte Aufwandsspende ist im Abschnitt „Steuerpflicht der Ehrenamtlichen" ab Seite 127 ausführlich beschrieben. Spenden umfassen Geld- oder auch Sachspenden.

Tipp
Die offiziellen und verpflichtenden Vordrucke für Sach- oder Geldspenden finden Sie hier: www.formulare-bfinv.de unter Steuerformulare > Gemeinnützigkeit. Diese sollte der Verein immer verwenden.

Zuständig für die Ausstellung sind im Rahmen der sogenannten Allzuständigkeit die Vorstände. Die Zuwendungsbescheinigungen können von den jeweiligen Empfängern bei ihrer Steuer gegebenenfalls steuermindernd geltend gemacht werden. Deshalb muss der Vorstand bei der Ausstellung von Zuwendungsbescheinigungen eine besondere Sorgfalt an den Tag legen. Anderenfalls kann sich aus falschen oder unzutreffenden Spendenbescheinigungen eine Haftung des Vorstands ergeben.

Beim gemeinnützigen Verein muss eine Regelung über die Mittelverwendung bei Auflösung des Vereins in der Satzung zu finden sein.

Vorschlag für eine Satzungsformulierung: *„Bei Auflösung oder Aufhebung der Körperschaft oder bei Wegfall steuerbegünstigter Zwecke fällt das Vermögen der Körperschaft*

an ....

(Bezeichnung einer juristischen Person des öffentlichen Rechts oder einer anderen steuerbegünstigten Körperschaft), – die es unmittelbar und ausschließlich für gemeinnützige, mildtätige oder kirchliche Zwecke zu verwenden hat,

oder

an eine juristische Person des öffentlichen Rechts oder eine andere steuerbegünstigte Körperschaft zwecks Verwendung für .... (Angabe eines bestimmten gemeinnützigen, mildtätigen oder kirchlichen Zwecks, zum Beispiel Förderung von Wissenschaft und Forschung, Erziehung, Volks- und Berufsbildung, der Unterstützung von Personen, die im Sinne von § 53 der Abgabenordnung wegen .... bedürftig sind, Unterhaltung der Kirche in ....).“

Letztlich soll der gemeinnützige Verein nicht dazu dienen, (steuerbegünstigt) „Vermögen anzuhäufen“. Deshalb gilt das Gebot der baldigen Mittelverwendung. Eine solche Verwendung ist gegeben, wenn die Mittel spätestens in dem auf den Zufluss folgenden Kalender- oder Wirtschaftsjahr für die steuerbegünstigten Zwecke verwendet werden. Verwendung in diesem Sinne ist auch die Verwendung der Mittel für die Anschaffung oder Herstellung von Vermögensgegenständen, die satzungsgemäßen Zwecken dienen.

Durch eine Gesetzesänderung wurden zum 1. Januar 2014 die strengen Regeln, wann der gemeinnützige Verein etwas zurücklegen kann, erheblich gelockert. Im Wesentlichen sind es drei Formen von Rücklagen, die für den Verein in der Praxis von Bedeutung sind:

- „Zweckgebundene Rücklagen“ im Sinne des § 62 Abs. 1 Nr. 1 AO liegen vor, sofern dies erforderlich ist, um die steuerbegünstigten, satzungsmäßigen Zwecke nachhaltig zu erfüllen. Erforderlich ist ein konkreter Zweck (Kauf von Geräten) innerhalb einer bestimmten Frist (die in der Regel sechs Jahre nicht überschreiten soll). Der Zweck „Finanzpolster“ reicht nicht. Jedoch kann eine sogenannte Betriebsmittelrücklage für periodisch wiederkehrende Ausgaben in Höhe des Mittelbedarfs für eine angemessene Zeitspanne (nicht über ein Jahr) gebildet werden.
- Eine „Wiederbeschaffungsrücklage“ im Sinne des § 62 Abs. 1 Nr. 2 AO dient dem tatsächlichen Ersatz eines Wirtschaftsguts in angemessener Zeit. Ist dies beabsichtigt, so ist eine Rücklage jedenfalls in Höhe der Abschreibung unbedenklich.
- Eine „freie Rücklage“ im Sinne des § 62 Abs. 1 Nr. 3 AO ermöglicht eine Rücklage in Höhe von maximal einem Drit-

tel des Überschusses aus Vermögensverwaltung und zusätzlich 10 Prozent der im Übrigen bald auszugebenden Mittel (dies sind die Gewinne der steuerpflichtigen wirtschaftlichen Geschäftsbetriebe und Zweckbetriebe sowie die Einnahmen aus dem ideellen Bereich). Details zu diesen Begriffen lesen Sie im Abschnitt „Steuerpflicht des Vereins" ab Seite 104.

- Die Rücklagenbildung zum Erwerb von Gesellschaftsrechten im Sinne des § 62 Abs. 1 Nr. 4 AO spielt in der Praxis selten eine Rolle. Hier sollten Sie professionelle Unterstützung organisieren.

Vorsicht

Die Regeln zur Rücklagenbildung im gemeinnützigen Verein sind kompliziert. Der Vorstand sollte gegebenenfalls die Unterstützung eines Steuerberaters nutzen. Wird gegen die Regeln verstoßen, so droht jedoch nicht unmittelbar die Aberkennung der Gemeinnützigkeit. Vielmehr wird vom Finanzamt regelmäßig eine angemessene Frist zur Mittelverwendung (normalerweise nicht mehr als zwei oder maximal drei Jahre) gesetzt

Zur Rücklagenbildung im gemeinnützigen Verein insgesamt gibt es eine Verfügung der Oberfinanzdirektion Frankfurt vom 13. Februar 2014, (Az.: S 0181 A-2-St 53), Rücklagen und Vermögensbildung bei steuerbegünstigten Körperschaften – Regelung ab dem 1. Januar 2014. Sie finden den Text an verschiedenen Stellen im Internet.

Die Gemeinnützigkeit hat einen weiteren großen Vorteil. Zahlungen an Ehrenamtliche für den Empfänger sind teilweise steuerfrei. Mehr dazu im Abschnitt „Steuerpflicht der Ehrenamtlichen" ab Seite 127.

ZUSAMMENGEFASST

- Verfolgen mehrere Personen einen gemeinsamen Zweck, ohne eine Rechtsform zu wählen, dann sind sie eine sogenannte BGB-Gesellschaft. Die BGB-Gesellschaft ist Träger von Rechten und Pflichten, etwa der Steuerpflicht.

- In der BGB-Gesellschaft haften alle Mitglieder. Die Haftungsprivilegien für den Verein gelten hier nicht.
- Für einen gemeinsamen dauerhaften nicht wirtschaftlichen Zweck empfiehlt sich meist die Gründung eines Vereins.
- Vereine können nicht eingetragen oder eingetragen sein. Für die Eintragung in das Vereinsregister werden sieben Mitglieder benötigt. Der Vorteil der Eintragung ist vor allem eine Haftungsbeschränkung für handelnde Vereinsmitglieder außerhalb des Vorstands.
- Vereine können gemeinnützige, mildtätige oder kirchliche Zwecke verfolgen (gemeinnütziger Verein). Eine Anerkennung durch das Finanzamt hat zahlreiche Vorteile.
- Der gemeinnützige Verein muss besondere Regeln beachten, zum Beispiel hinsichtlich der Mittelverwendung.
- Der Verein, egal in welcher Form, ist Träger von Rechten und Pflichten. Das heißt, er ist rechtsfähig.
- Zur Gründung eines Vereins muss eine Satzung beschlossen werden. In dieser müssen Name, Zweck und Sitz des Vereins genannt sein. Weitere Inhalte nach dem Gesetz sind wünschenswert oder zu empfehlen.

02 DIE MITGLIEDER-VERSAMMLUNG

Die Mitgliederversammlung ist das oberste Organ des Vereins. Sie bestimmt über alle wichtigen Belange. Zu den Hauptaufgaben der Mitgliederversammlung gehören die Bestellung und Kontrolle der Vereinsorgane, insbesondere des Vorstands, Satzungsänderungen und gegebenenfalls die Auflösung des Vereins.

Die Satzung kann die Aufgaben der Mitgliederversammlung erweitern und in Grenzen auch einschränken. Manche Angelegenheiten sind jedoch der Mitgliederversammlung per Gesetz allein vorbehalten (zum Beispiel die Zweckänderung).

In der Praxis kommt es hin und wieder vor, dass ein Vereinsvorstand die Mitgliederversammlung als lästige und bei der Vereinsarbeit störende Veranstaltung ansieht. Das ist eine grundlegend falsche Einschätzung! Man muss sich vor Augen führen, dass der Verein der Zusammenschluss der einzelnen Mitglieder zu einem gemeinsamen Zweck ist: Das Organ, in dem die Mitglieder ihren Willen äußern, ist die Mitgliederversammlung.

EINBERUFUNG DER MITGLIEDERVERSAMMLUNG

Angesichts der Bedeutung der Mitgliederversammlung verwundert es, dass eine wiederkehrende, regelmäßige Einberufung der Mitgliederversammlung (zum Beispiel jährlich) nicht gesetzlich vorgeschrieben ist. Der Vorstand ist lediglich verpflichtet, die Mitgliederversammlung einzuberufen, wenn

- die Satzung dies vorsieht,
- die Interessen des Vereins es erfordern,
- ein bestimmtes Quorum an Vereinsmitgliedern dies unter Angabe eines Grundes verlangt.

Der Vorstand ist folglich verpflichtet, die **Mitgliederversammlung einzuberufen**, wenn dies nach der Satzung vorgesehen ist und darüber hinaus, wenn „das Interesse des Vereins es erfordert" (§ 36 BGB). Die Formulierung ist leider sehr schwammig. Im Wesentlichen sind zwei Dinge entscheidend:

1. Handelt es sich um eine grundlegende und/oder existenzielle Angelegenheit des Vereins (die bisher nicht in der Mitgliederversammlung entschieden wurde)?

2. Besteht Eilbedürftigkeit?

Letztlich sollte sich der Vorstand fragen: In welchen Fällen würde ich als (durchschnittlich interessiertes) Vereinsmitglied gefragt werden wollen, wann nicht? Bei Eilbedürftigkeit kann man als Vorstand ohne Mitgliederversammlung handeln. In allen anderen Zweifelsfällen ist eher anzuraten, eine Entscheidung der Mitgliederversammlung herbeizuführen.

Beispiel 1: Der für die Vereinsarbeit unbedingt erforderliche Vereins-Pkw ist defekt. Die Kosten einer Reparatur würden den Restwert des Pkw deutlich übersteigen. Für einen Neuwagen sind hinreichend Rücklagen und laufende Mittel vorhanden.

Beispiel 2: Bei der Wartung der Heizung des Vereinsheims muss ein Zünder ausgewechselt werden, was 35 Euro kostet. Der Monteur meint, dass bei der zwölf Jahre alten Heizung demnächst weitere Reparaturen notwendig werden. Außerdem gebe es aktuell eine attraktive Förderung für erneuerbare Energieträger. Für einen Austausch der Heizung oder kompletten Wechsel des Heizsystems sind hinreichend Mittel vorhanden. Hier fehlen zur Beurteilung der Frage, ob der Vorstand eine Mitgliederversammlung vor der Entscheidung einzuberufen hat, zusätzliche Informationen: Wie hoch sind die Vereinsmittel insgesamt? Gibt es Übergangslösungen? Viele weitere Aspekte sind zu berücksichtigen. Ausgangspunkt der Entscheidung, ob eine Mitgliederversammlung einberufen werden muss, ist immer, dass die Mitglieder grundsätzliche Entscheidungen treffen sollen (soweit die Entscheidung bis zur Sitzung warten kann). In den beschriebenen Fällen kann man annehmen, dass die Ersatzbeschaffung des notwendigen Pkw möglicherweise ohne vorherige Mitgliederversammlung möglich ist, der Austausch einer (derzeit noch funktionierenden) Heizung jedoch nicht.

Kein (einzelnes) Vereinsmitglied und erst recht kein Außenstehender kann die Einberufung einer Mitgliederversammlung erzwingen, nicht einmal im Wege der Klage. Beruft der Vorstand keine Mitgliederversammlung ein, obwohl dies nach Satzung oder Gesetz erforderlich wäre, macht er sich gegebenenfalls schadenersatzpflichtig. Für ein bestimmtes Quorum von Vereinsmitgliedern (nach dem Gesetz 10 Prozent, in Satzungen anders festlegbar) gibt es darüber hinaus die Möglichkeit, über § 37 BGB eine Mitgliederversammlung zu erzwingen.

Eine Regelung zu einer wiederkehrenden Mitgliederversammlung ist jedem Verein anzuraten. Diese findet sich dann zweckmäßigerweise in der Satzung.

Vorschlag für eine Satzungsformulierung (nur) zur Einladung der Mitgliederversammlung: *„Abs. 1) Mindestens einmal im Kalenderjahr ist vom Vorstand eine ordentliche Mit-*

gliederversammlung einzuberufen. Die Einberufung erfolgt nach Wahl des Vorstands in Textform (per Mail oder Post) oder durch Bekanntgabe auf der Vereinshomepage. Die Einladungsfrist beträgt zwei Wochen. Der Einladung ist eine Tagesordnung beizufügen.

Abs. 2) Der Vorstand hat eine außerordentliche Mitgliederversammlung einzuberufen, wenn es das Interesse des Vereins erfordert oder wenn mindestens ein Zehntel der Mitglieder (ein höheres Quorum ist zulässig, solange dies unter 50 Prozent liegt) dies schriftlich unter Angabe des Zwecks und der Gründe beantragt."

Sieht eine Satzung die schriftliche Einladung zur Mitgliederversammlung vor, so bedeutet dies, dass jede Einladung eigenhändig durch Namensunterschrift unterzeichnet werden muss. Einscannen der Unterschrift oder Kopieren der Einladung ist dann unzulässig. Bei obenstehendem Formulierungsvorschlag ist dies hingegen möglich.

Bei der Einladung zur Mitgliederversammlung ist erforderlich, dass der „Gegenstand eines Beschlusses bezeichnet wird" (vgl. § 32 BGB). Anderenfalls kann ein Beschluss unwirksam sein, selbst wenn er einstimmig getroffen wird. Klar ist damit, dass keine (bindenden) Beschlüsse über Dinge gefasst werden können, die in der Tagesordnung nicht genannt sind, auch nicht unter dem Tagesordnungspunkt „Verschiedenes". Ergibt sich in der Mitgliederversammlung unvorhersehbar der Wunsch nach einer Entscheidung, so gibt es keine Möglichkeit, diese auf dieser Mitgliederversammlung unangreifbar zu treffen. Allenfalls ein Votum oder Meinungsbild der anwesenden Mitglieder kann eingeholt werden. Dies hat jedoch für den Vorstand nicht die Wirkung eines bindenden Beschlusses der Mitgliederversammlung.

Wie der Gegenstand eines Beschlusses in der Einladung genau bezeichnet werden muss, kann man dem Gesetz nicht entnehmen. Grundsätzlich sollte bei jedem Tagesordnungspunkt erwähnt sein, wenn eine Beschlussfassung beabsichtigt (oder möglich) ist. Das gilt selbst dann, wenn dies im Grunde selbstverständlich ist. Beim Tagesordnungspunkt „Entlastung des Vorstands" ist eigentlich klar, dass ein entsprechender Beschluss gefasst werden soll, jedoch empfiehlt sich trotzdem der Zusatz „mit Beschlussfassung" oder Ähnliches. Als Faustformel gilt allgemein: Je bedeutender die Angelegenheit ist, umso genauer muss der beabsichtigte Beschluss in der Einladung beschrieben werden. Bei einer beabsichtigten Satzungsänderung reicht nicht die Erwähnung „Satzungsänderung" in der Einladung. Zumindest eine bisher bestehende Regelung (oder deren Fehlen) sowie der Inhalt der beabsichtigten Regelung sollten in der mit der Einladung versendeten Tagesordnung stehen. Einige Fachleute vertreten die Ansicht, dass in diesem Fall der Wortlaut der Änderung schon in der Einladung zu stehen hat. Hiervon ist abzuraten, da dann bereits kleinste Änderungen an dem Beschluss aufgrund der Diskussion in der Mitgliederversammlung unmöglich wären.

Letztlich sollte darauf geachtet werden, dass jedes Mitglied rechtzeitig vor der Einladung zur Mitgliederversammlung die Möglichkeit hat, Anträge einzubringen. Durch Rundmail oder Mitteilung auf der Homepage des Vereins kann hierzu aufgefordert werden.

BESCHLUSSFÄHIGKEIT DER MITGLIEDERVERSAMMLUNG

Sofern die Satzung keine besonderen Regelungen enthält, ist eine ordnungsgemäß einberufene Mitgliederversammlung beschlussfähig, wenn auch nur ein Vereinsmitglied erscheint. Dies kann natürlich auch der Vorstand sein.

In die Satzung kann eine Bestimmung zur Beschlussfähigkeit aufgenommen werden. Es gibt sowohl Gründe dafür (Probleme bei eiligen Entscheidungen und wenig Teilnehmern auf Mitgliederversammlungen) als auch dagegen (mangelnde Legitimation wichtiger Entscheidungen gegebenenfalls durch wenige Mitglieder). Als Kompromiss wird häufig eine Satzungsformulierung gewählt, wonach in der ersten einberufenen Mitgliederversammlung ein bestimmter Prozentsatz anwesend sein muss. Eine zweite (mit derselben Tagesordnung) ordnungsgemäß einberufene Mitgliederversammlung ist dann immer beschlussfähig.

Tipp
In jedem Fall sollte darauf geachtet werden, dass (soweit es eine Regel zur Beschlussfähigkeit gibt) sehr wichtige Entscheidungen eher zu Beginn der Mitgliederversammlung getroffen werden, weil dann erfahrungsgemäß (noch) am meisten Mitglieder anwesend sind.

Die Feststellung der Beschlussfähigkeit kann sehr aufwendig sein. Es genügt grundsätzlich nicht, einmal zu Beginn der Versammlung die Beschlussfähigkeit entsprechend der Satzungsbestimmung festzustellen. Diese muss zu jeder Abstimmung sichergestellt sein. Die Beschlussfähigkeit kann zusammen mit einer Abstimmung festgestellt werden. In Anlehnung an Parlamentsgepflogenheiten kann auch eine Regelung in die Satzung aufgenommen werden, dass die Beschlussfähigkeit besteht, bis auf Antrag eines Mitglieds eine Überprüfung ein anderes Ergebnis ergibt.

DURCHFÜHRUNG DER MITGLIEDERVERSAMMLUNG

Bei der Durchführung der Mitgliederversammlung muss der Vorstand berücksichtigen, dass die Mitgliederversammlung für ein einfaches Mitglied häufig die einzige Veranstaltung im Jahr ist, auf der es sich über die Vereinsarbeit (und die Arbeit des Vorstands) ein Bild verschafft oder verschaffen kann. Auch diejenigen, die zur Unterstützung des Vereins „nur ihren Mitgliedsbeitrag abliefern", haben zu Recht den Anspruch, dass man sie darüber aufklärt, was der Verein eigentlich macht.

Deshalb gibt es eine Pflicht des Vorstands auf der Mitgliederversammlung, über die Angelegenheiten des Vereins zu berichten. Hierbei darf sich der Vorstand nicht darauf beschränken nur „Rechnung zu legen", das heißt Mitgliederzahlen, Einnahmen und Ausgaben mitzuteilen. Vielmehr muss der Vorstand über alle wesentlichen Ereignisse im Verein seit der letzten Mitgliederversammlung berichten und ferner die Planungen und Überlegungen zum folgenden Jahr offenlegen.

In der Praxis hört man manchmal, dass es ganz gut sei, wenn die Mitglieder nicht alles wissen, zum Beispiel die Höhe der Rücklagen. Das ist weder rechtmäßig, noch tut sich der Vorstand damit einen Gefallen.

Tipp

Der Vorstand sollte eine Mischung aus Tätigkeits- und Geschäftsbericht für die Mitgliederversammlung erstellen. Das Beschlussregister (siehe Seite 54) ist bei der Erstellung oft sehr hilfreich. Sinnvoll kann es sein, diesen Bericht schon mit der Einladung zur Mitgliederversammlung zu verschicken. Dann können auf der Mitgliederversammlung gezielt Fragen gestellt werden. Dieser Bericht sollte auch mögliche Probleme oder Fehler des Vorstands bzw. des Vereins umfassen. Der Schutz durch eine nachfolgende Entlastung wird damit vergrößert.

Sofern die Legislaturperiode über die Mitgliederversammlung andauert oder eine erneute Berufung wahrscheinlich ist, sollte auch über die Planungen und absehbaren Ereignisse („wir planen erneut eine Spendengala" oder „die Anzahl der Plätze soll nach Möglichkeit ausgebaut werden") berichtet werden.

Wenn über Dinge berichtet wird, die einzelne Personen betreffen, muss der Vorstand berücksichtigen, dass er – sofern dies bei der Erfüllung der Berichtspflicht geht –, keine personenbezogenen Daten preisgibt.

Der Vorstand muss berichten, dass die Beiträge von zwölf Mitgliedern überfällig sind. Die Namen der Betreffenden darf er aber nicht vorlesen.

Der Vorstand hat die Sitzungsleitung in der Mitgliederversammlung. Sofern in der Satzung nicht Besonderes dazu geregelt ist, bestimmt der Vorstand die Reihenfolge der Tagungsordnungspunkte und den Umfang, in dem diese jeweils behandelt werden. Dabei sollte sich die Sitzungsleitung an der Einladung orientieren. Der Vorstand hat das Recht, das Wort zu erteilen und auch zu entziehen. Letztlich hat er das „Hausrecht", das heißt nicht nur, dass eine nicht berechtigte Person ausgeschlossen werden kann, sondern auch, dass ein zur Anwesenheit auf der Mitgliederversammlung berechtigtes Mitglied unter Umständen des Raumes verwiesen werden kann.

Bei der Sitzungsleitung und besonders bei der Ausübung des Hausrechts sollte der Vorstand immer die besondere Bedeutung der Mitgliederversammlung für die Vereinsangelegenheiten berücksichtigen. Nur weil der Zeitplan eingehalten werden soll, eine Meinung oder Frage unerwünscht oder nur „nervig" ist, sollte der zeitliche Rahmen für die Äußerungen der Mitglieder nicht beschränkt werden. Auch Minderheiten zu einem Thema haben das Recht, sich einzubringen. Ebenso muss eine streitige, im Einzelfall sogar heftige, Diskussion über Vereinsangelegenheiten möglich sein. Gleichwohl kann nicht jeder Punkt so lange behandelt werden, bis auch das letzte Mitglied zustimmt. Sitzungsleitung ist eine „hohe Kunst".

Der Vorstand ist bei den Themen, die auf eine Mitgliederversammlung gehören, nie wirklich neutral. Die Jahresplanung des Vorstands zu erklären, gegebenenfalls zu verteidigen und gleichzeitig darauf zu achten, dass jedes Mitglied sich in geordnetem Ablauf hinreichend äußern kann, ist nicht immer leicht. Die Sitzungsleitung kann vom Vorstand an ein normales Mitglied delegiert werden. Je größer die Mitgliederversammlung ist, umso eher sollte davon Gebrauch gemacht werden. In der Praxis hat sich bewährt, hierfür ein erfahrenes, anerkanntes Mitglied zu bestimmen.

Tipp

Um die Akzeptanz der Sitzungsleitung zu erhöhen, kann der Vorstand zu Beginn der Sitzung auch eine Person zur Wahl (für dieses Amt) vorschlagen, statt die Person zu bestimmen – was der Vorstand aber grundsätzlich darf.

PROTOKOLL DER MITGLIEDERVERSAMMLUNG

Der Vorstand ist verpflichtet, die Mitgliederversammlungen zu protokollieren. Dies ist besonders wichtig, wenn es um Satzungsänderungen oder Wahlen ging. Denn in solchen Fällen muss teilweise das Protokoll dem Amtsgericht vorgelegt werden. Aber auch zur Kontrolle der Gemeinnützigkeit sind die in der Mitgliederversammlung getroffenen Entscheidungen von Bedeutung.

Tipp

Die Führung des Protokolls kann und sollte vom Vorstand delegiert werden. Der Vorstand sollte jedoch auch immer so viel selbst notieren, dass, falls diese Person später ausfällt oder das Protokoll nicht liefert, er selbst ein Protokoll erstellen kann.

Es gibt keine gesetzliche Vorschrift, dass das Protokoll der letzten Mitgliederversammlung im Verein genehmigt werden muss. In der Praxis hat sich dies jedoch bewährt und ist zu empfehlen.

Wie bereits mehrfach dargelegt, sind die Entscheidungen der Mitgliederversammlung für den Vorstand grundsätzlich bindend. Dies gilt nicht unmittelbar für Entscheidungen eines bisherigen Vorstands. Es ist jedoch zu erwägen, ob der Beschluss eines ehemaligen Vorstands durch einen neuen Beschluss des neuen Vorstands ersetzt werden muss. Insgesamt empfiehlt sich deshalb, ein sogenanntes Beschlussregister zu führen. Dies ermöglicht es dem aktuellen Vorstand, sich schnell und unkompliziert einen Überblick über die geltenden Beschlüsse zu verschaffen.

Ein Beschlussregister könnte so aufgebaut sein:

Beschlussthema	Ort	Datum	Zuständig	Stand der Erledigung
ISB-Nummer für Veröffentlichungen beantragen und Meldungen von Veröffentlichungen des Vereins an die VG Wort	Mitgliederversammlung	12.6.2013	Vorstand Vorstand	Erledigt Jan. 2014 laufend
Herausgabe Info-Material für Angehörige	Vorstand	18.7.2013	Vorstand Müller	Erledigt März 2014

Ein derartiges Beschlussregister hat darüber hinaus den Vorteil, dass bei einem Wechsel eines oder mehrerer Vorstandsmitglieder das neue Mitglied erkennen kann, welche Vorgaben der Mitgliederversammlung noch gelten und welche zu erledigen sind. Ferner ist zu empfehlen, dass der Vorstand alle Protokolle der Mitgliederversammlung und der Vorstandssitzungen an zwei unterschiedlichen Orten in elektronischer und in Papierform aufbewahrt.

ZUSAMMENGEFASST

- Die Mitgliederversammlung ist das wichtigste Organ des Vereins. Dort müssen die wesentlichen Entscheidungen für den Verein getroffen werden. Einige Entscheidungen im Verein dürfen nur durch die Mitgliederversammlung getroffen werden.
- Der Vorstand beruft die Mitgliederversammlung ein. Das geschieht, wenn die Satzung es vorsieht, die Belange des Vereins es gebieten oder ein bestimmter Prozentsatz der Mitglieder dies unter Angabe des Grundes verlangt.
- Der Vorstand oder eine beauftragte Person muss die Mitgliederversammlung leiten und protokollieren.
- Der Vorstand hat der Mitgliederversammlung umfassend über alle Vereinsangelegenheiten zu berichten.
- Die Mitgliederversammlung kann den Vorstand entlasten.
- Beschlüsse der Mitgliederversammlung sind grundsätzlich bindend. Ein Beschluss muss in der Einladung angekündigt werden.
- Es empfiehlt sich, die Beschlüsse der Mitgliederversammlung in einem Beschlussregister aufzulisten.

03 DER VORSTAND

Die Mitgliederversammlung ist nicht in der Lage, über jedes Detail des Vereinslebens eine Entscheidung zu treffen, die Umsetzung der Beschlüsse zu begleiten und zu kontrollieren sowie die täglichen Geschäfte des Vereins zu führen. Genau dies ist die Aufgabe des Vorstands.

Dabei ist der Vorstand für alle Angelegenheiten des Vereins zuständig. Dies nennt man „Allzuständigkeit"! Das ist im Wortsinn zu verstehen. Der Vorstand ist tatsächlich für alle Angelegenheiten des Vereins zuständig. Dies umfasst unter anderem die gerichtliche und rechtsgeschäftliche Vertretung, Einladung und Organisation der Mitgliederversammlung, Finanzen einschließlich der Steuerangelegenheiten, Datenschutz, Veröffentlichungen des Vereins, Arbeitgeberfunktion, Versicherungs- und Registerangelegenheiten sowie alle Aufgaben, die ihm durch Satzung oder Beschluss der Mitgliederversammlung übertragen wurden – und noch viel mehr.

Der Vorstand ist damit ein wichtiges „Organ" – so der juristische Fachbegriff – des Vereins.

DER MEHRKÖPFIGE VORSTAND

Das Gesetz schreibt zwar vor, dass es in jedem Verein einen Vorstand geben, nicht jedoch, wie er zusammengesetzt sein muss. Unabhängig von der Größe des Vereins (oder dem Umfang der Finanzen) kann ein Verein von einem Vorstandsmitglied oder von beliebig vielen geleitet werden. Entscheidend ist die Satzung des Vereins. Die dort genannte Mindestzahl der Vorstandsposten muss jederzeit besetzt sein.

Besteht der Vorstand aus mehreren Personen, so sind zwei Fragen zu unterscheiden:

1. Durch welche bzw. durch wie viele Vorstandsmitglieder wird der Verein vertreten?

2. Wie entscheidet der Vorstand insgesamt, das heißt: Wer hat letztlich das Sagen?

Hierzu formuliert das Gesetz in § 28 BGB lapidar: „Bei einem Vorstand, der aus mehreren Personen besteht, erfolgt die Beschlussfassung nach den für die Beschlüsse der Mitglieder des Vereins geltenden Vorschriften der §§ 32 und 34." Das bedeutet, dass die Mehrheit der (abgegebenen) Stimmen von allen Vorstandsmitgliedern entscheidend ist.

Ein Verein hat laut Satzung einen Vereinsvorsitzenden und zwei Stellvertreter als Vorstand. Diese drei sollen den Verein im Sinne des § 26 BGB nach außen vertreten. Zur Meinungsbildung im Vorstand sagt die Satzung nichts aus. Hier können die Stellvertreter – sogar gegen den ausdrücklichen Willen der Vereinsvorsitzenden oder des Vereinsvorsitzenden – Beschlüsse fassen oder Rechtsgeschäfte für den Verein tätigen, denn die Stellvertreter haben die Mehrheit im Vorstand. Der Vorsitzende allein kann für den Verein weder Entscheidungen treffen noch den Verein durch Verträge verpflichten.

Soll von diesem Mehrheitsprinzip abgewichen werden, so muss das in der Satzung geregelt sein. Möglich wäre beispielsweise, dass einem Vorstandsmitglied ein mehrfaches Stimmrecht eingeräumt wird.

DER VORSTAND ALS VEREINS-VERTRETER

Wesensmerkmal des Vorstands ist es, dass dieser der **Vertreter des Vereins** nach außen ist. Nur derjenige, der den Verein laut Satzung nach außen vertreten darf, gilt im Sinne des § 26 BGB als Vorstand. Die Vertretung des Vorstands ist allumfassend. Sie schließt die gerichtliche Vertretung, die Vertretung bei Rechtsgeschäften, die Entgegennahme von Erklärungen und die Verantwortlichkeit für das tatsächliche Verhalten des Vereins ein.

Nur und ausschließlich nur derjenige, der den Verein laut Satzung nach außen vertritt, ist im juristischen und hier verwendeten Sinne Vorstand. Weitere Personen, die in der Satzung oder sonst innerhalb des Vereins als „Vorstand", „erweiterter Vorstand", „beisitzender Vorstand" oder ähnlich bezeichnet werden, ohne laut Satzung zur Vertretung des Vereins berufen zu sein, sind juristisch kein Vorstand. Diese haben weder die gesetzlichen Rechte noch die gesetzlichen Pflichten eines Vorstands!

Entgegen der landläufigen Meinung muss der Vorstand keine natürliche Person sein. Vorstand kann auch eine sogenannte juristische Person sein.

Der Hospizverein möchte eine enge kommunale Einbindung. Deshalb wählte er die Kommune selbst in seinen Vorstand. Die Kommune wird dabei von ihrem gesetzlichen Vertreter vertreten. Dies ist regelmäßig der Bürgermeister. Dieser kann die Vertretungsaufgabe delegieren.

Der Vorstand muss nicht zwingend selbst geschäftsfähig sein. Demnach wäre die Wahl eines minderjährigen, beschränkt Geschäftsfähigen zum Vorstand möglich. Dieser müsste sich dann durch seinen gesetzlichen Vertreter vertreten lassen. Das ist jedoch einfach nicht praktikabel. Möglich und auch sinnvoll ist eine Satzungsbestimmung, wonach der Vorstand voll geschäftsfähig sein muss.

Das Vereinsrecht schreibt nicht vor, dass der Vorstand Mitglied des Vereins sein muss. Sofern es gewünscht ist, kann dies in der Satzung festgelegt werden. In diesem Zusammenhang kann auch geregelt werden, wenn einzelne Vorstandsmitglieder oder der Vorstand insgesamt besondere Eigenschaften oder Befähigungen (zum Beispiel Ausbildung zum Pfleger oder Juristen) aufweisen muss.

Die Vertretungsbefugnis des Vorstands kann eingeschränkt werden. Eine solche Beschränkung der Vertretungsbefugnis gegenüber Dritten kann sich auf bestimmte Geschäfte oder die Anzahl der Vorstandsmitglieder, die handeln müssen, beziehen. Diese Beschränkung ist durch einen Beschluss der Mitgliederversammlung möglich. Auch der Vorstand kann intern beschließen, dass nur ein bestimmtes Vorstandsmitglied oder mehrere zusammen bestimmte Geschäfte vornehmen dürfen. Nachteil einer solchen (internen) Beschränkung ist, dass diese nicht nach außen wirkt.

Die Mitgliederversammlung beschließt, dass für Rechtsgeschäfte über 10.000 Euro ein Beschluss der Mitgliederversammlung erforderlich ist. Das laut Satzung berufene Vorstandsmitglied nimmt ohne einen solchen Beschluss ein Darlehen im Namen des Vereins auf. Folge ist, dass der Vertrag für den Verein bindend ist, es sei denn, der Vertragspartner konnte erkennen, dass der Vertrag außerhalb des Vereinszwecks liegt. Der Vorstand kann sich wegen des Verstoßes gegen die interne Beschränkung schadenersatzpflichtig machen.

Möglich ist jedoch auch eine Beschränkung innerhalb der Satzung. Dann wirkt diese auch im Außenverhältnis. Eine Beschränkung kann sich beziehen auf bestimmte Geschäfte, zum Beispiel Grundstücks- oder Darlehensverträge, oder eine bestimmte Höhe, zum Beispiel Geschäfte über 10.000 Euro, oder auf die Anzahl der Vorstandsmitglieder, die handeln müssen. Dabei darf die Einschränkung jedoch nicht so weit gehen, dass es einer Entziehung der Vertretungsberechtigung gleichkommt. Eine Regelung: „Der Vorstand benötigt für alle Geschäfte über 10 Euro die Genehmigung der Mitgliederversammlung", wäre deshalb kaum praktikabel und darüber hinaus vermutlich auch unwirksam.

Gibt es mehrere Vorstandsmitglieder, wird der Verein durch die Mehrheit der Vorstandsmitglieder vertreten. Das bedeutet bei zwei Vorstandsmitgliedern, dass immer beide handeln müssen, um den Verein wirksam zu vertreten, da ein Vorstandsmitglied nicht „die Mehrheit der Vorstandsmitglieder" ist. Rein formal und streng genommen müssen dann beide Vorstandsmitglieder gemeinsam in einen Schreibwarenladen, um einen Ordner für den Verein zu kaufen.

Auf den ersten Blick scheint es aus Sicht der Mitglieder sinnvoll mindestens das „Vier-Augen-Prinzip" für jedes Rechtsgeschäft und vielleicht noch weitere Hürden für jedes Rechtsgeschäft in der Satzung niederzulegen. Wenn sich der Vorstand jedoch treffen muss, um eine Stromnachzahlung von 27 Euro zu überweisen oder gar dafür eine Mitgliederversammlung einberufen muss, so kostet das den Verein Geld. Es besteht die Gefahr von Schäden – und ein Vorstand, der bereit ist, entsprechenden Aufwand für einfachste finanzielle Angelegenheiten zu betreiben, dürfte auf Dauer schwer zu finden sein.

Es empfiehlt sich, eine praktikable Lösung zu entwickeln, die den Verein dennoch schützt. Dafür bietet sich eine Regelung an, wonach jedes Vorstandsmitglied bis zu einem bestimmten

Betrag allein für den Verein handeln darf, bei höheren Beträgen zwei Vorstandsmitglieder beteiligt sein müssen und bei einem noch höheren Betrag die Mitgliederversammlung zustimmen muss. Die Höhe der Beträge richtet sich nach den üblichen Rechtsgeschäften und der Leistungsfähigkeit des Vereins. Bei der Vertretungsregelung sollte immer bedacht werden, was passiert, wenn ein Vorstand wegen Urlaub, Krankheit oder aus sonstigen Gründen ausfällt.

Für die Entgegennahme von Erklärungen gegenüber dem Verein, zum Beispiel einer Kündigung der Vereinsmitgliedschaft, ist immer ein Vorstandsmitglied im Sinne des § 26 BGB berechtigt, die Erklärung als Vertreter entgegenzunehmen. Dies kann auch durch eine Satzung nicht eingeschränkt werden.

GRUNDSÄTZE DES VORSTANDSHANDELNS

Unabhängig von den einzelnen Vorstandspflichten haben sich für das Handeln des Vorstands Maßstäbe entwickelt. Der Vorstand hat **sorgfältig, verantwortlich und selbstständig** zu handeln. Auch für den unentgeltlich und ehrenamtlich tätigen Vorstand des Vereins gibt es keine generelle Reduzierung dieses Haftungsmaßstabs. Wir werden jedoch sehen, dass der Gesetzgeber einen Weg gefunden hat, gerade diese Vorstände von einer möglichen Haftung freizustellen.

Sorgfältig: Sorgfältig wird juristisch definiert „wie ein ordentlicher Kaufmann". Diese aus dem Handelsrecht stammende Definition richtet außerordentlich hohe Anforderungen an die Sorgfalt des Vorstands. Darüber hinaus wird unterstellt, dass der Vorstand alle notwendigen Erkenntnisse für die Ausführung seines Amtes hat. Ist dies ausnahmsweise nicht der Fall, so hat sich der Vorstand fachkundiger Hilfe zu bedienen. Dies gilt beispielsweise bei der Beantwortung von Rechts- oder Steuerfragen. Ein Vorstand kann sich nicht darauf berufen, dass bei seiner Wahl alle gewusst hätten, wie wenig Ahnung er von Finanzangelegenheiten hat.

Verantwortlich: Verantwortlich meint in diesem Zusammenhang, dass der Vorstand zu handeln hat „wie jemand in leitender Position". Dies bedeutet, dass die Folgen des Handelns sorgsam abzuwägen sind und auch unangenehme Entscheidungen, wie zum Beispiel die Kündigung eines Mitarbeiters, durchzusetzen sind, wenn die Interessen des Vereins dies gebieten.

Selbstständig: Der Vorstand hat selbstständig zu handeln. Er kann sich nicht darauf berufen, dass er zu einem bestimmten Handeln verpflichtet war. Der Vorstand ist gegenüber dem Verein (nach innen) verpflichtet, zwischen den Mitgliederversammlungen die Umsetzung der Beschlüsse der Mitgliederversammlung vorzunehmen. Angesichts seiner leitenden Positionen darf dies jedoch kein blinder Gehorsam des Vorstands sein. Vielmehr ist er verpflichtet, zu prüfen, ob die einzelnen Beschlüsse der Mitgliederversammlung umsetzbar sind oder im Einzelfall den Verein gefährden.

Die Mitgliederversammlung beschließt die Einstellung von drei neuen Mitarbeitern. Im laufenden Geschäftsjahr erkennt der Vorstand, dass für die Umsetzung dieses Beschlusses nicht genügend Mittel verfügbar sind. In diesem Fall muss der Vorstand von dem eigentlich bindenden Beschluss der Mitgliederversammlung abweichen. Er kann jedoch nicht willkürlich einen solchen Beschluss ignorieren, etwa weil er selbst ohnehin keinen Mitarbeiter einstellen will. Im vorliegenden Fall würde dies dazu führen, dass der Vorstand prüfen müsste, wie er den Beschluss der Mitgliederversammlung möglichst weitgehend umsetzen kann. Insofern hätte er zu entscheiden, ob die zur Verfügung stehenden Mittel beispielsweise ausreichen, um einen oder zwei neue Mitarbeiter einzustellen. Über die Abweichung vom Beschluss der Mitgliederversammlung müsste er die nächste Mitgliederversammlung unterrichten und die Gründe hierfür darlegen.

Das gesetzgeberische Leitbild des Vorstands eines Idealvereins geht grundsätzlich davon aus, dass die Tätigkeit unentgeltlich erfolgt. Dies schließt nicht vollständig aus, dass ein Vorstand Zahlungen für seine Tätigkeit erhält. Der Vorstand kann für seine Tätigkeit Zahlungen erhalten (meist als „Aufwandsentschädigung" bezeichnet) oder sogar Angestellter des Vereins sein. Ist jedoch keine Regelung getroffen, so erhält der Vorstand für seine Tätigkeit keinerlei Zahlungen. Im gemeinnützigen Verein muss ausdrücklich in der Satzung geregelt sein, wenn der Vorstand Zahlungen über die Erstattung von Auslagen und Reisekosten hinaus erhalten soll.

WAHL UND AMTSZEIT DES VORSTANDS

Das Vorstandsamt ist durch die gesetzlichen Vorschriften nicht zeitlich befristet. In den meisten Vereinen gibt es jedoch eine Legislaturperiode. Wiederwahlen sind gesetzlich weder ausgeschlossen noch beschränkt. Die Satzung regelt, auf welche Weise und wann ein Vorstand zu bestimmen ist. Weder eine Wahl noch eine zeitliche Befristung des Amts sind gesetzlich vorgeschrieben. Ebenso wenig gibt es eine gesetzlich vorgeschriebene oder auch nur empfohlene Amtszeit. Erneute Berufung oder Wiederwahl ist beliebig häufig möglich. Ist keine Regelung getroffen, so ist der Vorstand grundsätzlich zunächst auf Lebenszeit berufen.

Alle Regelungen zur Bestimmung des Vorstands und der Beendigung des Amtes gehören in die Satzung. Hierzu könnten zählen:

- Anzahl der Vorstandsmitglieder,
- Zuständigkeitsbereich (Ressortzuständigkeit) einzelner Vorstandsmitglieder. Anderenfalls besteht Allzuständigkeit (siehe Seite 56),

- Folgen des Ausscheidens eines Vorstandsmitglieds (gegebenenfalls Geschäftsführungsbefugnis bis zur Neuwahl eines neuen Vorstands),
- Form der Bestimmung des Vorstands,
- gegebenenfalls Form der Wahl,
- Möglichkeit oder Einschränkung der Abwahl (Widerruf),
- Möglichkeit der erneuten Bestimmung,
- Verlust der Vorstandseignung.

Die Satzungsregelung soll festlegen, wie viele Vorstandsmitglieder es gibt. Eine Anzahl ist nicht gesetzlich vorgeschrieben. Es muss mindestens einen Vorstand geben. Zulässig ist die Angabe einer Mindest- und/oder einer Höchstanzahl. Theoretisch dürfen alle Mitglieder zu Vorständen gemacht werden. In der Praxis hat sich eine ungerade Zahl häufig bewährt, sie ist jedoch nicht zwingend. Die Anzahl sollte sich nach der Größe des Vereins und den damit verbundenen Aufgaben richten.

Falls erwünscht, sollte eine Legislaturperiode (Amtsdauer) festgelegt werden, sonst ist die Berufung grundsätzlich unbefristet. Zu empfehlen ist eine Regelung, dass der Vorstand bis zur Wahl eines neuen Vorstands geschäftsführend im Amt bleibt. Bei einem mehrköpfigen Vorstand sollte geregelt sein, dass im Falle des Ausscheidens eines Mitglieds (zum Beispiel Rücktritt oder Tod) die verbleibenden Vorstandsmitglieder den Verein nach außen vertreten. Bestimmt die Satzung beispielsweise drei Vorstandsmitglieder und scheidet eines aus, so müsste ohne eine solche Regelung zum geschäftsführenden Vorstand sofort eine Mitgliederversammlung einberufen werden, da kein satzungsgemäßer Vorstand mehr vorhanden ist.

Der Vorstand muss nicht gewählt werden. Die Bestimmung kann auch anders erfolgen oder einem Gremium übertragen werden. An die Kandidaten als Vorstandsmitglied können bestimmte Eigenschaften, zum Beispiel Vereinsmitgliedschaft oder Ausbildungsabschluss, geknüpft werden. Die Satzung sollte dies genau bezeichnen. Angesichts der häufigen „Nachwuchssorgen" gerade hinsichtlich der Ämter in einem Verein sollten keine Hürden für das Amt des Vorstands aufgebaut werden, die nicht zwingend erforderlich sind. Auch eine Flexibilität hinsichtlich der Zahl der Vorstandsmitglieder ist zu empfehlen, damit ein unbesetzter Vorstandsposten den Verein nicht handlungsunfähig macht.

Bei der Bestimmung durch Wahl in der Mitgliederversammlung sollte die erforderliche Mehrheit und die Art der Wahl, zum Beispiel geheim oder Blockwahl, präzise bestimmt sein.

Es gibt dafür zahlreiche Möglichkeiten. Hier nur **ein Vorschlag für eine Satzungsformulierung:** *„Abs. 1) Dem Vorstand des Vereins obliegen die Vertretung des Vereins nach § 26 BGB und die Führung seiner Geschäfte. Der Vorstand besteht aus einem Vorsitzenden und mindestens zwei, höchstens vier Vertretern. Der Vorsitzende vertritt den Verein allein. Im Übrigen vertreten den Verein zwei Vorstandsmitglieder gemeinsam.*

Abs. 2) Die Mitglieder des Vorstands werden einzeln, in geheimer Wahl und mit der Mehrheit der abgegebenen Stimmen von der Mitgliederversammlung für die Dauer von zwei Jahren gewählt. Der gewählte Vorstand wählt aus seiner Mitte den Vorsitzenden. Mitglieder des Vorstands können nur Mitglieder des Vereins sein; mit der Mitgliedschaft im Verein endet auch die Mitgliedschaft im Vorstand. Die Wiederwahl oder die vorzeitige Abberufung eines Mitglieds durch die Mitgliederversammlung ist zulässig. Ein Mitglied bleibt nach Ablauf der regulären Amtszeit bis zur Wahl seines Nachfolgers im Amt.

Abs. 3) Scheidet ein Mitglied vorzeitig aus dem Vorstand aus, so sind die verbleibenden Mitglieder des Vorstands berechtigt, ein Mitglied des Vereins bis zur Wahl des Nachfolgers durch die Mitgliederversammlung in den Vorstand zu wählen."

Wahlen zum Vereinsvorstand bedürfen zur Wirksamkeit der sogenannten Bestellungserklärung („Ich nehme die Wahl an."). Auch beim eingetragenen Verein muss für die Wirksamkeit der Vorstandswahl keine Eintragung in das Vereinsregister erfolgen. Dennoch sollte der neue Vorstand möglichst schnell für eine Eintragung sorgen, da der alte Vorstand so lange den Verein nach außen wirksam vertreten kann, wie er im Vereinsregister eingetragen ist.

Ist der Vorstand gewählt oder sonst entsprechend der Satzung bestimmt, so endet sein Amt:

- bei Tod,
- bei Verlust der Geschäftsfähigkeit,
- bei Verlust einer nach der Satzung vorgeschriebenen besonderen Anforderung, zum Beispiel Vereinsmitgliedschaft,
- nach Ablauf der Amtszeit, es sei denn, die Satzung bestimmt es anders,
- bei Amtsniederlegung.

Darüber hinaus ist die Berufung jederzeit widerrufbar (§ 27 BGB). Zuständig ist dafür die Mitgliederversammlung, die durch Beschluss entscheidet. Der Widerruf (die Abwahl) kann in der Satzung darauf beschränkt werden, dass ein wichtiger Grund vorliegt. Das Gesetz nennt als Beispiele „grobe Pflichtverletzung" und „Unfähigkeit zur ordnungsgemäßen Geschäftsführung". Ein wichtiger Grund ist immer dann gegeben, wenn dem Verein die Beibehaltung des Vorstands(-mitglieds) bis zum Ablauf seiner Amtszeit nicht mehr zuzumuten ist.

Eine Beschränkung des Widerrufs ist üblich, wenn der Vorstand in dieser Funktion beim Verein angestellt ist. Die Berufung zum Vorstand und der Arbeitsvertrag sind zwei voneinander getrennte Rechtsgeschäfte. Der Widerruf der Bestellung zum Vorstand führt grundsätzlich nicht zur Aufhebung des Anstellungsvertrags. Im Anstellungsvertrag kann allerdings vereinbart werden, dass dieser gemeinsam mit der Bestellung endet.

Bei „angestellten" Vorständen sind Regelungen hinsichtlich der Beendigung der Vorstandstätigkeit und des Arbeitsverhältnis dringend angeraten. Hier sollten Sie sich im Einzelfall an einen Arbeitsrechtsexperten wenden.

03

Tipp

Einschränkungen des Rücktrittsrechts des Vorstands, etwa durch die Satzung, sind, selbst wenn sie zulässig wären, nicht sinnvoll, da ein „unwilliger" Vorstand dem Verein mehr schadet, als dass er nutzt. Letztlich kann die Niederlegung des Amts nicht wirksam verhindert werden.

Die Vorstandstätigkeit ist jedoch grundsätzlich eine ehrenamtliche Tätigkeit. Die Übernahme und die Ausübung des Amts geschehen freiwillig. Dies bedeutet, dass der Vorstand grundsätzlich berechtigt ist, sein Amt jederzeit und ohne Angabe von Gründen niederzulegen.

Eine entsprechende Erklärung hat gegenüber **einem** anderen Vorstandsmitglied zu erfolgen. Will ein Einzelvorstand oder das letzte verbliebene Vorstandsmitglied zurücktreten, so wäre der Verein ohne Vorstand. Deshalb muss der Vorstand entweder eine Mitgliederversammlung zur Neuwahl eines Vorstands einberufen oder beim Amtsgericht einen Notvorstand bestellen lassen. Dem Einzelvorstand, der ja wusste, worauf er sich eingelassen hat, ist normalerweise eine Geschäftsführung bis zur Mitgliederversammlung zumutbar.

EHRENAMTLICHKEIT BZW. VERGÜTUNG DES VORSTANDS

Die Vorstandstätigkeit ist grundsätzlich eine ehrenamtliche Tätigkeit. Viele Satzungen legen dies ausdrücklich fest und meinen damit, dass der Vorstand keine Vergütung erhält. Davon geht auch der Gesetzgeber aus. Nach einer Gesetzesänderung, die zum 1. Januar 2015 in Kraft tritt, heißt es in § 27 Abs. 2 Satz 2 BGB: „Die Mitglieder des Vorstands sind unentgeltlich tätig."

Die Unentgeltlichkeit der Vorstandstätigkeit kommt zwar häufig vor, ist aber nicht zwingend. Auch nach Eintritt der Gesetzesänderung können Zahlungen an den Vorstand vereinbart werden. Dabei muss unterschieden werden, ob man Kosten, die aus der Vorstandstätigkeit entstehen, ersetzt (Auslagenersatz) oder ob für die Tätigkeit als Vorstand etwas gezahlt wird (Arbeitseinkommen oder Aufwandsentschädigung).

Nach § 27 Abs. 3 BGB regeln das Verhältnis zwischen Vorstand und Verein die §§ 664 bis 670 BGB aus dem Auftragsrecht in entsprechender Weise. Das bedeutet, dass der Verein wie ein Auftraggeber und der Vorstand wie ein Auftragnehmer behandelt wird.

Bedeutsam ist hierbei zunächst, dass der Vorstand nach § 670 BGB einen Anspruch auf Ersatz der Aufwendungen hat, die er nach den Umständen für erforderlich halten durfte, der sogenannte Auslagenersatz. Ein derartiger Anspruch besteht nicht für alle ehrenamtlich im Verein Tätigen. Ein ehrenamtlicher Helfer bekommt seine mit der Tätigkeit verbunden Fahrtkosten nur dann (und nur so weit) ersetzt, wie der Verein dies vorher zusagt oder dies mit dem Verein vereinbart ist.

Der Auslagenersatz umfasst alle Zahlungen des Vorstands aus seinem eigenen Vermögen für Angelegenheiten des Vereins. Das kann eine Zahlung von Büromaterial oder das Honorar der Musikkapelle zum Vereinsfest sein. Alle Auslagen werden dem Vorstand aus dem Vereinsvermögen ersetzt, dazu gehören auch seine Reisekosten. Reisekostenersatz darf pauschaliert werden. Dabei ist es sinnvoll, die Pauschalen an üblichen Maßstäben zu orientieren. Hier bietet sich das Bundesreisekostengesetz oder das jeweilige Landesreisekostengesetz an.

Die Erstattung von Aufwendungen einschließlich der Reisekosten sind für den Vorstand häufig steuerfrei, mehr dazu später. Hier ist entscheidend, dass der Vorstand gegen den Verein einen Anspruch auf den Auslagenersatz hat. Es ist dafür weder eine vertragliche Regelung notwendig, noch muss dies in der Satzung geregelt sein. Dennoch erscheint ein Beschluss der Mitgliederversammlung nützlich, um die gesetzliche Regelung zum Ersatz notwendiger Auslagen zu präzisieren: Die Mitgliederversammlung könnte beispielsweise beschließen: „Der Vorstand hat Anspruch auf Ersatz von Aufwendungen, die er nach den Umständen für erforderlich halten darf. Dies umfasst Reisekosten, die entsprechend dem Bundesreisekostengesetz in der jeweils geltenden Fassung ersetzt werden."

Eine entsprechende Regelung sagt nicht, wie der Nachweis der Auslagen oder Reisekosten zu tätigen ist. Bei Auslagen ist schon aus steuerlichen Gründen in der Regel ein Beleg erforderlich. Bei Reisekosten genügt sicher ein Fahrtenbuch, aber auch eine Auflistung der gefahrenen Strecken kann ausreichen.

Der Auslagenersatz eines Vereins an den Vorstand führt in der Regel nicht zu einer (Einkommen-)Steuerpflicht. Das entbindet aber nicht von der Aufgabe, die Zahlungen bei der Steuererklärung des Vorstands erklären zu müssen. Für die richtige steuerliche Behandlung aller erhaltenen Zahlungen ist der Vorstand bei seiner Erklärung verantwortlich.

Die Zahlung einer Vergütung für den Vorstand ist ebenfalls möglich. Dabei kann der Vorstand ganz normaler Arbeitnehmer des Vereins sein. Dafür wird ein Arbeitsvertrag geschlossen. Der Arbeitnehmer ist verpflichtet, seine Arbeitsleistung, also die Vorstandstätigkeit zu erbringen. Der Verein schuldet den vereinbarten Lohn. Hinsichtlich Steuer und Sozialversicherung gelten dieselben Regeln wie für jedes andere Arbeitsverhältnis auch.

Ist eine Person als Vorstandsmitglied, also nicht als Trainer oder Hausmeister, bei seinem Verein angestellt, so sind Vorstandstätigkeit und Arbeitsverhältnis grundsätzlich unabhängig zu beurteilen. Wird der Vorstand zum Beispiel abgewählt, so endet damit nicht das Arbeitsverhältnis. Dieses muss gegebenenfalls gesondert nach den Regeln des Arbeitsrechts beendet werden.

Auch der ehrenamtliche Vorstand kann für seine Vorstandstätigkeit ein Entgelt bzw. eine Aufwandsentschädigung bekommen. Zur Abgrenzung zwischen Arbeitsverhältnis und Ehrenamt siehe Kapitel 6 „Ehrenamtlich Tätige" ab Seite 121.

Auch die ab 1. Januar 2015 geltende gesetzliche Vorschrift, dass Vorstände in der Regel unentgeltlich tätig sind, schließt Zahlungen an den Vorstand nicht aus. Klar ist jedoch, dass jede Zahlung an den Vorstand, die über einen Auslagenersatz hinausgeht, in der Satzung ausdrücklich erlaubt sein muss. Die Zahlung darf nicht nur „nicht verboten sein". Dies gilt schon vor dem 1. Januar 2015 beim gemeinnützigen Verein.

In jedem Verein soll weder bei den Mitgliedern noch bei Dritten, zum Beispiel Spendern, der Eindruck entstehen, dass der Vorstand hier versorgt wird. Dennoch rechtfertigt der Aufwand des Vorstands durchaus eine Aufwandsentschädigung. Hier bietet sich eine Regelung in der Satzung an, die sich an dem orientiert, was der Gesetzgeber in gemeinnützigen Vereinen für angemessen hält und deshalb nach § 3 Nr. 26a Einkommensteuergesetz (EStG) von der Einkommensteuer befreit hat. Die sogenannte Ehrenamtspauschale beträgt derzeit 720 Euro pro Jahr. Zu den Details siehe im Kapitel 6 den Abschnitt „Steuerpflicht der Ehrenamtlichen" ab Seite 127.

Vorschlag für eine Satzungsformulierung: *„Der Vorstand erhält für seine Tätigkeit als Vorstand eine angemessene*

Aufwandsentschädigung bis zur Höhe des nach § 3 Nr. 26a EStG steuerfreien Betrags. Kein Mitglied darf eine unangemessen hohe Vergütung vom Verein erhalten."

Die Orientierung an dieser Vorschrift hat mehrere Vorteile. Zunächst ist klar, dass der Verein kein Mittel der Bereicherung für den Vorstand ist. Des Weiteren sind Zahlungen dann möglicherweise für den Vorstand selbst steuerfrei. Und letztlich muss die Satzung nicht geändert werden, wenn der Gesetzgeber den steuerfreien Betrag nach einigen Jahren den Gegebenheiten anpasst.

HAFTUNG DES VORSTANDS

Wie wir sehen, hat der Vorstand eine ganze Menge an Pflichten und dabei werden gehörige Maßstäbe an ein ordnungsgemäßes Verhalten gestellt. Verstößt der Vorstand hiergegen und entsteht dem Verein hieraus ein Schaden, so ist der Vorstand dem Verein grundsätzlich zum Schadenersatz verpflichtet (Innenhaftung). Dabei haftet der Vorstand für jede Form von Vorsatz oder Fahrlässigkeit.

Gleiches gilt für Schäden, die ein anderer als „der Verein" selbst erleidet. Das kann ein Externer oder ein Vereinsmitglied sein (Außenhaftung). Für beide Fälle (Haftung nach innen und Haftung nach außen) gibt es Möglichkeiten, das Risiko für den Vorstand massiv zu beschränken und/oder zu versichern.

INNENHAFTUNG

Das Rechtsverhältnis eines ehrenamtlichen Vorstands zu seinem Verein ist in der Regel kein Arbeitsverhältnis. Hieran ändert die Zahlung von Aufwandsentschädigungen nichts. Man bezeichnet das Verhältnis als „Geschäftsbesorgungsvertrag" und wendet die Vorschriften des BGB über den Auftrag in

§§ 664 bis 670 BGB an. Erhält der Vorstand eine echte Vergütung, so können auch die Regeln über den Dienstvertrag §§ 611 ff. BGB angewendet werden.

Verletzt der Vorstand vorsätzlich oder fahrlässig eine ihm obliegende Pflicht, so haftet der Vorstand für einen dem Verein entstehenden Schaden persönlich und unbeschränkt. Zu den zu beachtenden Pflichten gehören natürlich alle gesetzlichen Regelungen, beispielsweise steuerliche Vorschriften. Unterlässt es der Vorstand, für eine ordnungsgemäße Buchführung und Steuererklärung zu sorgen, haftet er gegenüber dem Verein. Gleiches gilt etwa bei der Nichterfüllung von Streupflichten und einer Haftung des Vereins, die sich hieraus ergibt.

Bestehen keine besonderen Regelungen über die Vertretung und Aufgabenverteilung, sind alle Vorstandsmitglieder für alle Aufgaben und Verpflichtungen des Vereins zuständig und verantwortlich. Dabei muss der Vorstand handeln wie ein „ordentlicher Kaufmann“. Er hat dafür zu sorgen, die Personal- und Sachausstattung, die Ablauforganisation und den Aufbau so zu organisieren, dass die zur Verfügung stehenden Mittel ausreichen, um die Verpflichtungen zu erfüllen.

Die Vorstandsmitglieder dürfen keine den Verein einseitig benachteiligenden Geschäfte abschließen. Letztlich ist es aber bei vielen Geschäften zum Zeitpunkt des Abschlusses eine Prognose, ob sich ein Rechtsgeschäft positiv oder negativ auswirken wird. Insgesamt ist die Vorstandstätigkeit, gerade die ehrenamtliche, augenscheinlich mit einem nicht unerheblichen Haftungsrisiko verbunden. Ein ehrenamtlicher Vorstand kann sich nicht darauf berufen, dass ihm die Fähigkeiten und Fertigkeiten fehlen. Vielmehr wird unterstellt, dass er über die Kenntnisse verfügt, die er zur Ausübung seines Amts benötigt. Das sollte man immer bedenken.

Zu berücksichtigen ist außerdem, dass der Vorstand für Vorsatz, aber auch für jede Form der Fahrlässigkeit haftet. Selbst bei „Unachtsamkeiten“ (sogenannter leichter Fahrlässigkeit) wäre im Schadensfall schon eine Haftung gegeben.

Vorstandsmitglied V. des gemeinnützigen Schützenvereins „Kimme und Korn e. V.“ ist für die Finanzen des Vereins zuständig. Er versucht, immer sparsam zu sein, und wechselt deshalb auch die Bank, weil er Gebühren sparen kann. Dabei übersieht er, dass das Finanzamt für die quartalsmäßig anfallende Umsatzsteuer eine Einzugsermächtigung nur für das „alte“ Konto hat. Legt das Finanzamt in diesem Fall Säumniszuschläge fest, so muss V. dem Verein gegenüber dafür haften.

Der Verein wird in dem beschriebenen Beispiel oben wohl kaum auf Ersatz bestehen und selbst wenn, würde es V. nicht ruinieren, aber das Beispiel zeigt, wie schnell eine Haftung entstehen kann.

Es gibt eine Möglichkeit, die Haftung des Vorstands gegenüber den Verein (im sogenannten Innenverhältnis) zu beschränken. Damit soll auch einem ehrenamtlichen Vorstand kein Freibrief gegeben werden, aber die Beschränkung der Haftung auf grob fahrlässiges oder vorsätzliches Verhalten erscheint gerade bei ehrenamtlichen Vorständen in kleineren Vereinen sinnvoll. Es empfiehlt sich die Aufnahme einer entsprechenden Regelung in die Satzung des Vereins. Dabei kann gleich eine Regelung für alle „Ehrenamtlichen“ getroffen werden. Eine mögliche Formulierung wäre: „Der Ehrenamtliche, einschließlich des ehrenamtlichen Vorstands, haftet bei Schäden, die er während seiner Tätigkeit im Verein verursacht, nur für Vorsatz und grobe Fahrlässigkeit und wird im Übrigen von der Haftung freigestellt.“

Eine solche Haftungsbeschränkung und die Freistellung wirken nur zwischen dem Verein und dem Ehrenamtlichen. Die Haftung gegenüber Dritten im Außenverhältnis wird hiervon nicht berührt. Hierzu mehr im nächsten Abschnitt ab Seite 77.

Eine weitere Möglichkeit, die Haftung des ehrenamtlichen Vorstands überschaubar oder jedenfalls überschaubarer zu machen, ist die Entlastung. Die Entlastung des Vorstands durch die Mitgliederversammlung führt zu dem Fortfall gegebenenfalls bestehender Ansprüche des Vereins gegenüber dem Vorstand und erfasst alle der Mitgliederversammlung bekannten oder bei einer Prüfung erkennbaren Ansprüche.

Tipp

Bei jeder Mitgliederversammlung muss der Vorstand über alle Dinge berichten. So zum Beispiel auch, wenn es wegen einer Urheberrechtsverletzung zu einer Schadenersatzzahlung gekommen ist. Hat zum Beispiel der Vorstand ohne Genehmigung ein Bild aus dem Internet für einen Flyer des Vereins verwendet, kann der Verein deshalb zum Schadenersatz verpflichtet sein. Weil der Vorstand den Verein dadurch geschädigt hat, muss der Vorstand diesen Schaden grundsätzlich ersetzen.

Jetzt kann und sollte der Vorstand nach dem Bericht des Vorstands den Tagesordnungspunkt „Entlastung des Vorstands" setzen. Stimmt hier die Mitgliederversammlung für eine Entlastung, so sind damit alle Schadenersatzforderungen, die bekannt sind oder erkennbar waren, des Vereins gegen seinen Vorstand dauerhaft und endgültig vom Tisch.

Auch ohne Entlastung soll gerade der ehrenamtliche Vorstand nicht mit einem unbegrenzten Haftungsrisiko belastet werden. Deshalb hat der Gesetzgeber im April 2013 tiefgreifende Veränderungen vorgenommen. Die Haftung gegenüber dem Verein und gegenüber Dritten wurde erheblich eingeschränkt bzw. die Haftung wurde auf den Verein übertragen. Juristisch korrekt haben diese Personen für bestimmte Fälle einen Anspruch auf Freistellung von der Haftung gegen ihren eigenen Verein eingeräumt bekommen, aber im Ergebnis läuft es annähernd auf eine Befreiung von der Haftung hinaus. Sie sehen bereits jetzt, es ist nicht ganz unkompliziert, deshalb Schritt für Schritt.

Ausnahmsweise kann Ihnen wegen der enormen Bedeutung und wegen der wirklich tiefgreifenden Änderung der Rechtslage der Wortlaut nicht erspart bleiben. Die entscheidenden Vorschriften finden sich in den §§ 31, 31a und 31b BGB. Auch wenn die Lektüre von Paragrafen nicht zu Ihren Lieblingsbeschäftigungen gehört: Diese Vorschriften sollten Sie lesen!

Die Haftungsregeln im Verein, §§ 31, 31a und 31b Bürgerliches Gesetzbuch (BGB)

§ 31 Haftung des Vereins für Organe

Der Verein ist für den Schaden verantwortlich, den der Vorstand, ein Mitglied des Vorstands oder ein anderer verfassungsmäßig berufener Vertreter durch eine in Ausführung der ihm zustehenden Verrichtungen begangene, zum Schadenersatz verpflichtende Handlung einem Dritten zufügt.

§ 31a Haftung von Organmitgliedern und besonderen Vertretern

(1) Sind Organmitglieder oder besondere Vertreter unentgeltlich tätig oder erhalten sie für ihre Tätigkeit eine Vergütung, die 720 Euro jährlich nicht übersteigt, haften sie dem Verein für einen bei der Wahrnehmung ihrer Pflichten verursachten Schaden nur bei Vorliegen von Vorsatz oder grober Fahrlässigkeit. Satz 1 gilt auch für die Haftung gegenüber den Mitgliedern des Vereins. Ist streitig, ob ein Organmitglied oder ein besonderer Vertreter einen Schaden vorsätzlich oder grob fahrlässig verursacht hat, trägt der Verein oder das Vereinsmitglied die Beweislast.

(2) Sind Organmitglieder oder besondere Vertreter nach Absatz 1 Satz 1 einem anderen zum Ersatz eines Schadens verpflichtet, den sie bei der Wahrnehmung ihrer Pflichten verursacht haben, so können sie von dem Verein die Befreiung von der Verbindlichkeit verlangen. Satz 1 gilt nicht, wenn der Schaden vorsätzlich oder grob fahrlässig verursacht wurde.

§ 31b Haftung von Vereinsmitgliedern
(1) Sind Vereinsmitglieder unentgeltlich für den Verein tätig oder erhalten sie für ihre Tätigkeit eine Vergütung, die 720 Euro jährlich nicht übersteigt, haften sie dem Verein für einen Schaden, den sie bei der Wahrnehmung der ihnen übertragenen satzungsgemäßen Vereinsaufgaben verursachen, nur bei Vorliegen von Vorsatz oder grober Fahrlässigkeit. § 31a Absatz 1 Satz 3 ist entsprechend anzuwenden.

(2) Sind Vereinsmitglieder nach Absatz 1 Satz 1 einem anderen zum Ersatz eines Schadens verpflichtet, den sie bei der Wahrnehmung der ihnen übertragenen satzungsgemäßen Vereinsaufgaben verursacht haben, so können sie von dem Verein die Befreiung von der Verbindlichkeit verlangen. Satz 1 gilt nicht, wenn die Vereinsmitglieder den Schaden vorsätzlich oder grob fahrlässig verursacht haben.

Dem Vorstand kommt bei der Haftung gegenüber dem eigenen Verein die Haftungsbeschränkung des § 31a BGB zugute. Erhält der Vorstand nicht mehr als 720 Euro jährlich für seine Vorstandstätigkeit, so haftet er dem Verein ohnehin nur für Vorsatz oder grobe Fahrlässigkeit. Schadenersatzfälle für vorsätzliche Schädigung des Vereins (etwa weil der Vorstand in die Kasse greift) kommen erfreulicherweise selten vor, die Ansprüche wären völlig berechtigt. Es verbleibt die Haftung wegen „grober Fahrlässigkeit". Gesetzlich ist der Begriff nicht definiert. Die Rechtsprechung unterstellt grobe Fahrlässigkeit, wenn „die im rechtlichen Verkehr erforderliche Sorgfalt in ungewöhnlich hohem Maße verletzt wurde oder wenn naheliegende Überlegungen nicht angestellt wurden".

Man muss sich als Vorstand schon außergewöhnlich sorglos anstellen, damit dies in Betracht kommt. Zu beachten ist, dass der Verein die grobe Fahrlässigkeit im Streitfall beweisen müsste. Selbst dann ist eine Entlastung durch die Mitgliederversammlung (siehe Seite 74) möglich. In der Praxis gibt es kaum Haftungsfälle, bei denen der Verein seinen Vorstand in Haftung nimmt oder dies auch nur versucht.

AUSSENHAFTUNG

Schließt der Vorstand im Rahmen seiner Vertretungsmacht im Namen des Vereins einen Vertrag mit einem Dritten, so haftet ausschließlich der Verein für die Erfüllung des Vertrags. Nur wenn er ohne Vertretungsbefugnis handelt oder er seine Vertretungsmacht überschreitet, kann eine persönliche Haftung in Betracht kommen.

Selbstverständlich haftet ein ehrenamtlicher Vorstand auch dann persönlich, wenn er durch sein Handeln einem Dritten einen Schaden zufügt, zum Beispiel wenn er beim Rangieren mit dem Vereinsbus fahrlässig ein parkendes Auto beschädigt.

Vorsicht

Der Vorstand eines Vereins ist nach § 42 II BGB verpflichtet, „im Falle der Zahlungsunfähigkeit oder der Überschuldung" die Eröffnung eines Insolvenzverfahrens zu beantragen. Wird die Stellung des Antrags verzögert, so sind die Vorstandsmitglieder, denen ein Verschulden zur Last fällt, den Gläubigern für den daraus entstehenden Schaden verantwortlich; sie haften als Gesamtschuldner. Letzteres bedeutet, dass jedes Vorstandsmitglied in voller Höhe, persönlich und unbeschränkt für entsprechende Forderungen haftet.

Wenn durch das Verhalten des Vorstands ein Dritter (und nicht der Verein selbst) geschädigt wurde, zum Beispiel durch Verletzung der Schneeräumpflicht vor dem Vereinsheim, stellt sich die Haftungsfrage anders dar. Außer den Verein (siehe dazu „Haftung des Vereins" ab Seite 86) kann der Geschädigte für den Schadenersatz jedes Vorstandsmitglied in Anspruch nehmen. Diese sogenannte Außenhaftung kann und wird durch das Gesetz auch für den ehrenamtlichen Vorstand nicht eingeschränkt.

Haften der Verein und ein oder mehrere Vorstandsmitglieder nebeneinander, so haftet jeder auf die volle Summe, aber alle gemeinsam nur einmal. Dies nennt man juristisch „Gesamtschuldnerhaftung". Ein möglicher Ausgleich untereinander (der sogenannte Gesamtschuldnerausgleich) ist juristisch kompliziert und richtet sich nach dem Anteil an der Schadensverursachung.

Wird der Vorstand auf diese Weise in Anspruch genommen, so kann er nach § 31a Abs. 2 BGB vom Verein verlangen, dass dieser ihn von der Haftung freistellt (an seiner Stelle zahlt), wenn der Vorstand nicht mehr als 720 Euro jährlich für seine Vorstandstätigkeit erhält und weder vorsätzlich noch grob fahrlässig gehandelt hat.

Der unentgeltlich tätige Vorstand hat bei einem plötzlichen Wintereinbruch vergessen, die Schneeräumung vor dem Vereinsheim zu organisieren. A. stürzt. Die Behandlungskosten usw. betragen 10.000 Euro. A. nimmt den Vorstand in die Haftung. Der Vorstand verlangt vom Verein die Freistellung von der Haftung, weil er nicht grob fahrlässig war und unentgeltlich (damit für unter 720 Euro jährlich) tätig war. Das Vereinsvermögen beträgt jedoch nur 5.000 Euro. Hier würde der Freistellungsanspruch dem Vorstand nicht helfen. Eine Vereinshaftpflichtversicherung (manchmal auch als „Trägerhaftpflicht" bezeichnet) würde den Schaden für den Verein tragen und damit auch den Vorstand schützen (siehe dazu den Abschnitt „Versicherung im Verein" ab Seite 87).

Der Vorstand ist im Rahmen seiner Allzuständigkeit auch dafür verantwortlich, welche Versicherungen für den Verein abgeschlossen werden. Eine Vereinshaftpflichtversicherung ist dabei fast genauso wichtig wie eine Privathaftpflicht für jedermann. Eine Privathaftpflichtversicherung schließt aber nahezu immer die Haftung für sogenannte Organtätigkeit (das heißt eben auch Vorstandstätigkeit in einem Verein) aus. Der Abschluss einer Haftpflichtversicherung für einen Verein ist sowohl im Interesse des Vereins als auch des Vorstands sowie der Mitglieder in aller Regel geboten.

Es kann sein, dass die Voraussetzungen für eine Freistellung von der Haftung vorliegen, die Forderung aber so hoch ist, dass der Verein sie nicht bezahlen kann. Hier bleibt der Vorstand dem Geschädigten weiter mit seinem ganzen privaten Vermögen zum Schadenersatz verpflichtet. Dieses Problem ist durch eine Vereinshaftpflichtversicherung zu lösen.

Darüber hinaus kann über die Vereinshaftpflichtversicherung auch die Tätigkeit der Ehrenamtlichen abgesichert werden. Diese Versicherung greift in der Regel selbst bei grober Fahrlässigkeit.

SPENDENHAFTUNG

Eine spezielle Form der Haftung des Vorstands im steuerlichen Bereich ist die sogenannte Spendenhaftung. Gemäß § 10b IV EStG haftet derjenige für entgangene Steuern, der vorsätzlich oder grob fahrlässig eine falsche bzw. unrichtige Bestätigung über Spenden und Mitgliedsbeiträge ausstellt. Die entgangene Steuer ist dabei mit 30 Prozent des zugewendeten Betrags anzusetzen.

Vorsicht

Die Haftung im Außenverhältnis für steuerliche Verpflichtungen kann in keinem Fall und auf keine Weise eingeschränkt werden.

Nicht selten sind ehrenamtliche Vorstände Laien hinsichtlich der steuerlichen Pflichten eines Vereins. Es empfiehlt sich dringend, dafür die Hilfe von gegebenenfalls auch externen und zu bezahlenden Experten zu nutzen. Bestehen Zweifel, ob für eine bestimmte Zuwendung an den Verein eine Spendenquittung ausgestellt werden kann, sollte man mit dem Steuerberater des Vereins oder dem Finanzamt Rücksprache nehmen.

Besonders schwierig ist die Abgrenzung zwischen Sponsoring und Spende. Hier entscheiden teils Kleinigkeiten wie die Erwähnung auf der Homepage des Vereins oder des Gebers, ob wegen der „Gegenleistung" (Werbewirkung) eine Spendenquittung infrage kommt oder nicht. In solchen Fällen wird man ohne professionellen Ratschlag nicht auskommen.

SONSTIGE PFLICHTEN DES VORSTANDS

VORSTAND UND VERSICHERUNGSANGELEGENHEITEN

Zu den Zuständigkeiten des Vorstands gehört auch die Frage nach dem Versicherungsschutz des Vereins und der Mitglieder in der Vereinsarbeit. Natürlich ist der Vorstand gehalten, Pflichtversicherungen wie zum Beispiel eine Kfz-Haftpflichtversicherung abzuschließen, sofern den Verein eine solche Versicherungspflicht trifft.

Soweit Ehrenamtliche nicht aufgrund gesetzlicher Vorschriften automatisch in der gesetzlichen Unfallversicherung versichert sind, sollte der Vorstand prüfen, ob und gegebenenfalls wen man dort freiwillig versichert (siehe dazu im Detail Seite 91).

Zu den im Verein unabdingbaren Versicherungen gehört eine Vereinshaftpflichtversicherung (auch Trägerhaftpflicht genannt). Diese deckt im Tagesgeschäft des Vereins die Schäden ab, die im privaten Bereich über die Privathaftpflichtversicherung laufen (siehe dazu auch Seite 82).

Tipp

Das Vereinsmitglied oder der Ehrenamtliche profitieren gegebenenfalls von einem Versicherungsschutz des Vereins. Deshalb sollte man durchaus nachfragen, welche Versicherungen im Verein bestehen, und dies im Bedarfsfall auch auf einer Mitgliederversammlung diskutieren. Einen entsprechenden Tagungsordnungspunkt kann jedes Mitglied zur Mitgliederversammlung einbringen.

Führt der Verein Veranstaltungen oder Reisen durch, sollte der Vorstand prüfen, ob über die Vereinshaftpflicht hinaus eine Veranstaltungs- bzw. Reisehaftpflichtversicherung sinnvoll ist.

Ob weitere Versicherungen (zum Beispiel Vermögenshaftpflicht- oder Rechtsschutzversicherung) erforderlich sind, ist immer eine Frage des Einzelfalls.

Bis auf die Pflichtversicherungen besteht jedoch keine Pflicht des Vorstands, für seinen Verein oder die Mitglieder bestimmte Versicherungen abzuschließen. Das bedeutet aber auch, dass der Vorstand von einem Dritten oder einem Vereinsmitglied nicht deshalb in Anspruch genommen werden kann, weil er eine bestimmte Versicherung nicht abgeschlossen hat.

BEITREIBUNGSPFLICHT DES VORSTANDS

Der Vorstand ist dafür zuständig, die Interessen des Vereins zu wahren. Dazu gehört es selbstverständlich, dass der Vorstand Ansprüche, die der Verein gegen einen Dritten hat, geltend macht. Insbesondere muss der Vorstand verhindern, dass tatsächliche oder mögliche Ansprüche des Vereins verjähren. Deshalb kann der Vorstand im Einzelfall auch gehalten sein, die Verjährung gegebenenfalls auch durch gerichtliche Geltendmachung zu verhindern.

Die Beitreibungspflicht bedeutet, dass der Vorstand verpflichtet ist, Forderungen des Vereins gegen einen Dritten – das kann auch ein Vereinsmitglied sein – grundsätzlich und gegebenenfalls sogar gerichtlich und im Wege der Zwangsvollstreckung geltend zu machen, das heißt, sie beizutreiben. Dies betrifft auch die Mitgliedsbeiträge. Bei einem langjährigen verdienten Mitglied kann das aber zum Beispiel nicht gewünscht sein. Deshalb sollte in der Satzung eine Regelung enthalten sein, unter welchen Umständen der Vorstand von der Beitreibung rückständiger Beiträge absehen darf.

Vorschlag für eine Satzungsformulierung: *„Der Vorstand kann aus sozialen, finanziellen oder sonstigen Gründen mit einfacher Mehrheit beschließen, von der Beitreibung fälliger Mitgliedsbeiträge abzusehen. Der Vorstand ist in diesem Fall verpflichtet, auf der folgenden Mitgliederversammlung über die Höhe des Verzichts und die Gründe zu berichten. Die Mitgliederversammlung kann auf Antrag eines Mitglieds aus* *sozialen, finanziellen oder sonstigen Gründen mit einfacher Mehrheit beschließen, ein Mitglied befristet oder dauerhaft von der Entrichtung eines Mitgliedsbeitrags zu befreien. Auf gleiche Weise kann eine Befreiung für die Zukunft aufgehoben werden."*

Unterlässt der Vorstand die Beitreibung von Ansprüchen, ohne dass ihm dies durch Satzung oder Mitgliederbeschluss erlaubt ist und entsteht dem Verein daraus ein Schaden, weil realisierbare Ansprüche verjähren, macht sich der Vorstand schadenersatzpflichtig.

PFLICHTEN DES VORSTANDS IN BESONDEREN FÄLLEN

Es gibt noch eine Vielzahl von Einzelpflichten, die den Vorstand im Verein treffen können. Letztlich bleibt es bei der eingangs dargestellten Allzuständigkeit. Hier noch ein paar spezielle Fälle:

- Der Vorstand ist dafür zuständig zu prüfen, ob für den Verein die richtige **Absicherung** durch Versicherungen besteht. Eine Vereinshaftpflicht ist in der Regel sinnvoll, hilft aber auch nicht in jedem Fall. Eine besondere Haftung trifft den Verein, wenn dieser eine Veranstaltung durchführt. Juristisch und versicherungsrechtlich kann es auch eine Veranstaltung sein, wenn nur Mitglieder etwa an dem Sommerfest teilnehmen. Neben den allgemeinen Veranstalterpflichten (Anmeldung, Schankerlaubnis, Jugendschutz, Hygienevorschriften usw.) trifft den Verein auch die **Verkehrssicherungspflicht**. Nicht ganz zu Unrecht wird häufig gesagt, dass sich auf einem Fest nicht die Frage stellt, ob etwas passiert, sondern nur wann. Deshalb empfiehlt sich die Klärung des Versicherungsschutzes, bevor der Verein als Veranstalter auftritt. Die Kosten einer **Veranstaltungshaftpflichtversicherung** hängen von einer Vielzahl von Faktoren ab (Zahl der Teilnehmer, Ort, Uhrzeit, Dauer, Alkoholausschank und vieles mehr). Die Versicherung mehrerer Veranstaltungen gegebenenfalls in Kombination mit der allgemeinen Vereinshaftpflicht ist häufig in der Summe günstiger als die Versicherung jeder einzelnen Veranstaltung, aber letztlich ist das Verhandlungssache. Gehört man einem Wohlfahrtsverband oder einem sonstigen Dachverband an, lohnt sich die Nachfrage, ob bestimmte Veranstaltungen schon versichert sind oder günstiger versichert werden können.

- Als Veranstalter ist ein Verein gegebenenfalls zur Meldung an die **GEMA** verpflichtet. Die GEMA ist die Verwertungsgesellschaft für musikalische Aufführungs- und mechanische Vervielfältigungsrechte, sie nimmt die Rechte von Komponisten, Musikern und Interpreten wahr. Erkundigen Sie sich vor Ihrer Veranstaltung, ob beispielsweise die vorgesehene Unterhaltungsmusik GEMA-pflichtig ist. Gehört der Verein einem Dachverband an, so sollte erfragt werden, ob es bereits einen Rahmenvertrag gibt, der das meist deutlich günstiger macht.
- Kann der Verein „seine Rechnungen nicht mehr zahlen", so muss er, vertreten durch den Vorstand, **Insolvenz** anmelden. Entscheidend ist, ob länger als nur kurzfristig die Zahlung fälliger Forderungen unmöglich ist. Erfolgt kein Antrag auf Insolvenz, obwohl der Verein insolvent ist, kann daraus eine persönliche Haftung des Vorstands resultieren.

ZUSAMMENGEFASST

- Kein Verein ohne Vorstand. Die laut Satzung vorgesehenen Vorstandsposten müssen immer besetzt sein. Anderenfalls muss eine Mitgliederversammlung einberufen werden.
- Vorstand ist, wer den Verein laut Satzung nach außen vertritt (auch „Vorstand" im Sinne des § 26 BGB genannt). Der

Vorstand ist außerhalb der Mitgliederversammlung für alle Vereinsangelegenheiten zuständig (Allzuständigkeit).

- Der Vorstand ist grundsätzlich ehrenamtlich im Sinne von unentgeltlich tätig. Er hat einen Anspruch auf Auslagenersatz. Eine Aufwandsentschädigung kann (teilweise sogar steuerfrei) gezahlt werden. Eine Aufwandsentschädigung muss in der Satzung ausdrücklich erlaubt sein.
- Der Vorstand arbeitet sorgfältig, verantwortlich und selbstständig. Dieser Maßstab aus der Rechtsprechung stellt hohe Ansprüche an das Handeln des Vorstands.
- Der Vorstand haftet für Schäden, die er in seiner Arbeit dem Verein zufügt (Innenhaftung). Der Vorstand haftet für Schäden, die er in seiner Arbeit einem Dritten zufügt (Außenhaftung). Diese Haftung des Vorstands (beide Fälle) ist per Gesetz auf Vorsatz und grobe Fahrlässigkeit beschränkt, wenn der Vorstand für seine Tätigkeit nicht mehr als 720 Euro jährlich erhält. Eine Vereinshaftpflichtversicherung verringert das Risiko weiter.
- Im Rahmen der Allzuständigkeit hat der Vorstand viele Einzelpflichten zu erfüllen. Dazu gehören unter anderem: Spendenangelegenheiten, Beitreibungspflicht, Versicherungsangelegenheiten, Datenschutz, Urheberrecht, Verkehrssicherungspflichten und vieles mehr.

DER VEREIN UND SEINE PFLICHTEN

04

Dem Verein obliegt als juristische Person selbst eine Reihe von Pflichten. Hier muss genau unterschieden werden zwischen den Pflichten, die den Verein (vertreten durch den Vorstand) treffen, und solchen, die Personen im Verein treffen. Ebenso wenig wie bei einer natürlichen Person können alle denkbaren Pflichten des Vereins hier aufgelistet werden. Im Weiteren werden jedoch einige zentrale Pflichten des Vereins, wie Haftung, Versicherungsangelegenheiten, Datenschutz, Steuerpflicht und Urheberrecht, erläutert.

HAFTUNG DES VEREINS

Nach § 31 BGB ist der Verein für den Schaden verantwortlich, den der Vorstand, ein Mitglied des Vorstands oder ein anderer satzungsmäßig berufener Vertreter durch eine in Ausführung der ihm zustehenden Verrichtungen begangene, zum Schadenersatz verpflichtende Handlung einem Dritten zufügt. Dies gilt auch für den „nicht rechtsfähigen", also den nicht im Vereinsregister eingetragenen Verein. Diese Haftung des Vereins nennt man auch „Organhaftung".

Die Organhaftung des Vereins für den Vorstand, einzelne Vorstandsmitglieder und leitende Angestellte mit selbstständiger verantwortlicher Stelle (angestellte Geschäftsführer) umfasst alle rechtlichen und tatsächlichen Handlungen, die im Rahmen des übernommenen Aufgabenkreises durchgeführt werden. Sie reicht damit von geschlossenen Verträgen über steuerliche Fragen bis hin zur Haftung für Schäden, weil jemand auf dem Vereinsgelände wegen der Verletzung der Streupflicht zu Schaden gekommen ist. Gehaftet wird mit dem gesamten Vereinsvermögen.

Der Verein haftet für alle Verbindlichkeiten des Vereins mit dem gesamten Vereinsvermögen. Darüber hinaus ist der Verein in den beschriebenen Voraussetzungen verpflichtet, andere – insbesondere den Vorstand – von der Haftung freizustellen. Deshalb ist die Vereinshaftpflichtversicherung unabdingbar!

Für Schäden, die ein Ehrenamtlicher im Rahmen seiner Tätigkeit einem Dritten zufügt, haftet der Verein nicht, es sei denn der Verein hat einen eigenen Fehler, zum Beispiel den Verstoß gegen die Verkehrssicherungspflicht oder ein Organisationsverschulden, gemacht. Dennoch kann ein Schadenersatzanspruch gegen den Ehrenamtlichen gegebenenfalls über eine Versicherung des Vereins abgesichert sein.

Der Verein möchte mit einer Gruppe von Senioren einen Ausflug machen. Da diese teilweise nicht mehr vollständig orientierungsfähig sind, sollen fünf Ehrenamtliche die Gruppe von zwanzig Personen begleiten. Zum Abfahrtstermin ist jedoch nur ein Ehrenamtlicher erschienen. Trotzdem entscheidet der anwesende Vorstand, man solle die Fahrt antreten. Für einen Schaden, der dann aus der Verletzung der Aufsichtspflicht resultiert, würde der Ehrenamtliche haften. Grundsätzlich muss der Verein für Fehler des Ehrenamtlichen nicht einstehen. Hier hat der Verein eine Aufgabe jedoch so organisiert, dass diese letztlich nicht auf die vorgesehene Art zu bewältigen ist. Es bestände auch eine Haftung des Vereins. Gleiches würde gelten, wenn der Verein Personen Aufgaben überträgt, die spezielles Wissen oder besondere Fertigkeiten voraussetzen. Die „Aufteilung" des Schadens im beschriebenen Fall hängt von vielen weiteren Aspekten ab.

VERSICHERUNG IM VEREIN

Der Versicherungsschutz im Verein ist in verschiedener Hinsicht von Bedeutung. Zentral ist zunächst die Frage, wie der Verein, die Mitglieder und die ehrenamtlich Tätigen selbst gegen Schäden abgesichert sind. Dies reicht von den Kosten der Heilbehandlung eines gebrochenen Fingers über die Frage der Lohnfortzahlung im Krankheitsfall bzw. des Verdienstausfalls weiter zur Absicherung einer eingetretenen Erwerbsminderung bis hin zur Frage der Absicherung von Hinterbliebenen.

Dies klingt beim ersten Lesen sicherlich dramatisch. Es erscheint jedoch sinnvoll, die Augen vor möglichen Risiken nicht zu verschließen. Jährlich erleiden durchschnittlich 9 Millionen Menschen in der Bundesrepublik Deutschland einen Unfall, sei es zu Hause, im Verkehr oder bei der Arbeit. Natürlich kann auch bürgerschaftlich engagierten Personen während ihrer Tätigkeit oder auf dem Weg dorthin etwas zustoßen.

Der Versicherungsschutz im Ehrenamt ist außerdem dann von Bedeutung, wenn Eigentum des bürgerschaftlich Engagierten beschädigt wird. Wenn zum Beispiel der Trainer in einem gemeinnützigen Fußballverein seinen privaten Pkw für Fahrten zum Vereinsgelände und zu Auswärtsspielen nutzt, stellt sich die Frage, wer für Schäden auf diesen Fahrten aufkommt.

UNFALLVERSICHERUNG

Die Unfallversicherung ist im Siebten Buch des Sozialgesetzbuchs (SGB VII) geregelt. Die Unfallversicherung deckt zunächst Risiken aus Arbeits- und Wegeunfällen sowie für Berufskrankheiten ab. Im Laufe der Zeit wurde der Schutz von Arbeitnehmern im SGB VII auf weitere Personenkreise ausgedehnt. Hierzu gehören auch teilweise ehrenamtlich Tätige.

Tipp

Der kostenlose Ratgeber „Zu Ihrer Sicherheit – Unfallversichert im freiwilligen Engagement" kann beim Bundesministerium für Arbeit und Soziales bestellt oder auf dessen Internetseite heruntergeladen werden: www.bmas.de > Publikationen.

Gesetzlich über das SGB VII abgesichert sind:

- Ehrenamtliche in Rettungsunternehmen,
- Ehrenamtliche in öffentlich-rechtlichen Einrichtungen, deren Verbänden oder Arbeitsgemeinschaften sowie in öffentlich-rechtlichen Religionsgemeinschaften,
- Ehrenamtliche im Bildungswesen,
- Ehrenamtliche im Gesundheitswesen und in der Wohlfahrtspflege,
- Ehrenamtliche in landwirtschaftlichen Einrichtungen und Berufsverbänden der Landwirtschaft,
- ehrenamtliche Übungsleiter,
- Ehrenamtliche in privatrechtlichen Organisationen, die im Auftrag oder mit ausdrücklicher Einwilligung von Kommunen oder öffentlich-rechtlichen Religionsgemeinschaften und deren Einrichtungen handeln.

Wer aufgrund gesetzlicher Vorschriften in der gesetzlichen Unfallversicherung versichert ist, zahlt hierfür keinen Beitrag!

Die meisten Bundesländer haben für bürgerschaftlich Engagierte sogenannte Ehrenamtsversicherungen geschlossen. In der Regel umfassen diese Versicherungen ohne Anmeldung und Beitrag Unfall- und Haftpflichtversicherungsschutz. **Beachten Sie unbedingt:** Die Regelungen, unter welchen Bedingungen für welche Ehrenamtliche welcher Versicherungsschutz besteht, sind derzeit noch je nach Bundesland verschieden und ändern sich auch gelegentlich. So besteht in Nordrhein-Westfalen für alle Ehrenamtlichen ein Haftpflicht- und Unfallversicherungsschutz. In Bayern hat man den Unfallversicherungsschutz ausgeweitet auf Personen, die in Vereinen ehrenamtlich tätig sind. Der Haftpflichtversicherungsschutz über die Ehrenamtsversicherung ist allerdings nicht gegeben, wenn der Ehrenamtliche in einer „rechtlich selbstständigen Struktur" (zum Beispiel einem Verein) tätig ist. Man sollte sich auf jeden Fall in seinem Bundesland kundig machen.

Darüber hinaus besteht die Möglichkeit, gewählte Ehrenamtliche (das heißt vor allem Vorstände), freiwillig in der gesetzlichen Unfallversicherung zu versichern. Die Möglichkeit der freiwilligen Versicherung besteht auch für gewählte oder beauftragte Ehrenamtsträger in gemeinnützigen Organisationen sowie für Personen, die in Verbandsgremien und Kommissionen für Arbeitgeberorganisationen und Gewerkschaften sowie in politischen Parteien ehrenamtlich tätig sind.

Tipp

Der Beitrag für diese grundlegende und unverzichtbare Absicherung beträgt pro versicherte Person nur 2,73 Euro jährlich. Ist der Vorstand nicht aufgrund einer der genannten Regelungen beitragsfrei in der gesetzlichen Unfallversicherung versichert, empfiehlt sich die freiwillige Versicherung dort.

Für diejenigen, die aufgrund gesetzlicher Bestimmungen in der Unfallversicherung versichert sind, gibt es verschiedene Träger. Die Berufsgenossenschaften sind für die gesetzliche Unfallversicherung von Unternehmen, Vereinen und Initiativen zuständig. Welche Berufsgenossenschaft dies im Zweifelsfall ist, hängt von dem Bereich ab, in dem die Ehrenamtlichen tätig sind.

Die Berufsgenossenschaft für Gesundheitsdienst und Wohlfahrtspflege ist zuständig für alle ehrenamtlich Tätigen bei den Wohlfahrtsverbänden (Caritas, Diakonie, AWO, DRK und Paritätischer Wohlfahrtsverband). Diese erreichen Sie unter www.bgw-online.de.

Vorsicht

Die Rechtsprechung zur gesetzlichen Unfallversicherung auch von ehrenamtlich in Kirchen und Kirchengemeinden Tätigen ist uneinheitlich und manchmal schwer nachvollziehbar. So soll eine ehrenamtliche Tätigkeit bei der Betreuung von Behinderten oder Asylbewerbern kirchenspezifisch sein, nicht hingegen diejenige in einer Frauenhilfegruppe, da dies sich nicht im Kernbereich der Kirche abspiele. Im Zweifelsfall sollte der Betreffende immer im Vorfeld abklären, ob seine ehrenamtliche Tätigkeit in einer Kirche unter den Schutz der gesetzlichen Unfallversicherung fällt. Anderenfalls ist eine freiwillige Absicherung anzuraten.

Die Verwaltungs- und Berufsgenossenschaft (VBG) ist für alle in Sport- und anderen Vereinen Engagierte zuständig. Infos finden Sie unter www.vbg.de. Auch für Ehrenamtliche im kirchlichen Bereich ist sie der Ansprechpartner. Zu beachten ist, dass eine Versicherung in der gesetzlichen Unfallversicherung eine kirchenspezifische Tätigkeit voraussetzt. Dies wurde in der Rechtsprechung beispielsweise für den Jahresausflug eines Kirchenchors verneint.

Tipp

Bei manchen Berufsgenossenschaften wird im Schadensfall nach einer schriftlichen Vereinbarung mit dem Träger der ehrenamtlichen Tätigkeit gefragt, in der auch das Aufgabenfeld des Ehrenamtlichen beschrieben ist. Um Probleme und Schwierigkeiten zu vermeiden, sollten Sie in jedem Fall eine entsprechende Vereinbarung treffen.

Die Landesunfallkassen und Gemeindeunfallversicherungsverbände sind für Ehrenamtliche im öffentlichen Bereich zuständig. Dies betrifft sowohl kommunale Mandatsträger als auch Mitglieder der freiwilligen Feuerwehren. Für diese gibt es einige Feuerwehr-Unfallkassen. Informationen hierzu finden Sie unter www.unfallkassen.de.

Versicherungsschutz der gesetzlichen Unfallversicherung

Durch die gesetzliche Unfallversicherung sind Unfallschäden versichert, die im Rahmen der ehrenamtlichen Tätigkeit oder auf dem Hin- und Rückweg zwischen Wohnort und dieser Tätigkeit (sogenannte Wegeunfälle) entstehen. Wie bei Wegeunfällen besteht der Schutz der gesetzlichen Unfallversicherung nur dann, wenn sich ein Unfall auf dem unmittelbaren Weg zwischen Wohnort und Einsatzort ereignet. Bereits kleine Umwege oder Unterbrechungen dieser Fahrten heben den Versicherungsschutz in der Regel vollständig auf.

Die gesetzliche Unfallversicherung bietet eine Vielzahl von Leistungen. So wird nicht nur die Heilbehandlung einschließlich aller Kosten der medizinischen Betreuung übernommen, eine Kostenbeteiligung beispielsweise für Arzneimittel gibt es jedoch im Rahmen der Unfallversicherung nicht. Die Unfallversicherung leistet auch Hilfsmittel wie Brillen, Hörgeräte, Prothesen sowie im Weiteren deren Reparatur. Sofern erforderlich, wird auch die Pflege zu Hause und in Heimen übernommen, in Einzelfällen die Kosten zum behindertengerechten Umbau einer Wohnung. Sofern wegen einer eingetretenen Arbeitsunfähigkeit kein Arbeitslohn empfangen wird, erfolgt die Zahlung eines sogenannten Verletztengelds.

Verletztengeld und weitere Leistungen

Die Berechnung des Verletztengelds geht vom Bruttoeinkommen des vor der Arbeitsunfähigkeit zuletzt abgerechneten Monats aus. Hiervon werden 80 Prozent gezahlt. Einmalige Leistungen wie Weihnachtsgeld, Urlaubsgeld werden anteilig berücksichtigt. Das Verletztengeld ist jedoch beschränkt auf das entsprechende Nettoentgelt. Die Berechnung im Einzelnen ist sehr kompliziert. Bei Fragen helfen die zuständigen Berufsgenossenschaften.

Für Zeiten der Teilnahme an einer berufsfördernden Maßnahme wird ein Übergangsgeld gezahlt.

Verbleibt nach der Heilbehandlung und der Rehabilitation eine dauerhafte Minderung der Erwerbstätigkeit von 20 Prozent oder mehr, kann der Betroffene ab der 26. Kalenderwoche nach dem Unfall eine Verletztenrente beanspruchen.

Stirbt der ehrenamtlich Tätige, kann eine Rente an die Hinterbliebenen gezahlt werden. Insgesamt sind damit die Leistungen der gesetzlichen Unfallversicherung sehr umfangreich.

Es ist für jeden ehrenamtlich Tätigen äußerst wichtig, diesen Versicherungsschutz zu haben. Diese Frage sollte in jedem Fall vor Beginn der ehrenamtlichen Tätigkeit geklärt werden. Wenn keine gesetzliche Mitgliedschaft vorliegt, sollte man auf einer freiwilligen Versicherung bestehen.

(VEREINS-)HAFTPFLICHTVERSICHERUNG

Die Grundregel lautet: Was im Verein laut Satzung gemacht wird, muss versichert werden! Wichtigste Versicherung ist die sogenannte Vereins- oder Träger- oder Betriebshaftpflichtversicherung. Diese sichert den Verein, den Vorstand, die Mitglieder und Ehrenamtlichen gegen Sach- und Personenschäden ab, bei denen einem Dritten Schadenersatz geleistet werden muss. Deshalb: kein Verein ohne (Vereins-)Haftpflichtversicherung!

Diese Versicherung bietet jedoch keinen Schutz gegen alle Schäden im Verein. Ob weitere Versicherungen sinnvoll sind, ist immer eine Frage des Einzelfalls. Im Weiteren werden ohne Anspruch auf Vollständigkeit einige Versicherungen genannt, die gegebenenfalls für den Verein in Betracht kommen.

VERANSTALTUNGS- UND REISEVERANSTALTUNGSHAFTPFLICHTVERSICHERUNG

Bei vielen Vereinen gehören Veranstaltungen und auch kleine oder große Reisen zum normalen Vereinsleben. Der Laie meint schnell, dass diese Aktivitäten über die Vereinshaftpflicht abgesichert sind, insbesondere wenn sie dem Satzungszweck entsprechen oder wenn an der Veranstaltung nur Vereinsmitglieder teilnehmen.

Die Abgrenzung zwischen normaler Vereinsveranstaltung im Rahmen des „Tagesgeschäfts" des Vereins, die über die normale Vereinshaftpflichtversicherung abgesichert ist, und gesonderter Veranstaltung, die nur über eine gesonderte Veranstaltungshaftpflichtversicherung versichert ist, können jedoch selbst Spezialisten schwer erkennen.

Tipp

Es ist absolut empfehlenswert, vor einer Veranstaltung mit dem Versicherungsunternehmen zu klären, ob sie über die Vereinshaftpflichtversicherung abgesichert ist oder ob ein gesonderter Versicherungsschutz vereinbart werden muss.

Mehrere Veranstalter können gemeinsam eine Veranstaltungshaftpflichtversicherung abschließen. Die Wohlfahrtsverbände, viele Dachverbände und die Gemeinden haben oft Rahmenverträge, über die viele Veranstaltungen bereits abgesichert sind oder sehr günstig abgesichert werden können. Es lohnt sich in jedem Fall eine Nachfrage.

Dasselbe gilt, wenn der Verein eine Reise veranstaltet, also als Reiseveranstalter auftritt. Unternimmt der Verein regelmäßig in nennenswertem Umfang Reisen, so sollte der Versicherungsschutz geklärt werden. Anders verhält es sich, wenn zum Beispiel einmal im Jahr mit den ehrenamtlich Engagierten eine Busreise über das Wochenende gemacht werden soll. Man sollte überlegen, ob nicht ein (Bus-)Reiseunternehmen dazu bewegt werden kann, die Reise zu den vom Verein gewünschten Bedingungen anzubieten. Die Mitglieder können sich dann bei diesem Veranstalter anmelden, und der Verein gerät nicht in die Rolle des Veranstalters.

VERMÖGENSHAFTPFLICHTVERSICHERUNG

Die Haftpflichtversicherung deckt Sach- und Personenschäden ab, die Vermögenshaftpflichtversicherung hingegen Schäden eines Dritten an dessen Vermögen, die durch den Verein entstehen. In der Bundesrepublik gibt es einige Berufsgruppen, für die eine Vermögenshaftpflichtversicherung gesetzlich vorgeschrieben ist. Dazu zählen zum Beispiel Steuerberater und Rechtsanwälte. Daraus können Sie bereits einen Hinweis entnehmen, wann eine solche Versicherung als besonders wichtig angesehen wird.

Hat die Leistung des Vereins regelmäßig Auswirkungen auf das Vermögen Dritter, etwa aufgrund satzungsgemäßer (Rechts-)Beratung von Ratsuchenden, zum Beispiel in Mietervereinen, Verbraucherzentralen, Schuldnerberatung usw., so ist eine Vermögenshaftpflichtversicherung in der Regel dringend anzuraten. Generell sollten Sie jedoch immer darauf achten, in welchem Umfang, etwa im Rahmen einer Nachbarschaftshilfe, überhaupt Rat zu Rechtsangelegenheiten – und sei es auch nur zu einem Antrag auf Befreiung von den Rundfunkbeiträgen – erteilt werden darf. Hier setzt das Rechtsdienstleistungsgesetz enge Grenzen.

RECHTSSCHUTZVERSICHERUNG

Inwieweit eine Rechtsschutzversicherung für einen Verein sinnvoll ist, lässt sich verallgemeinernd schlecht sagen. Je größer der Verein, je mehr Angestellte, Vereinsfahrzeuge, Verträge mit Dritten oder Immobilien, umso größer wird selbstverständlich auch das Risiko eines Rechtsstreits. Dennoch sollte man sich gut überlegen, ob dieses Risiko wirklich eine Versicherung wert ist, zumal diese nur die Kosten, nicht die Folgen eines Rechtsstreits absichert. Diese Frage kann nur für jeden Verein individuell getroffen werden.

DIENSTREISERAHMENVERSICHERUNG

Hat der Verein eigene Fahrzeuge, muss er sie entsprechend den gesetzlichen Vorschriften versichern.

Überlassen Sie ein Fahrzeug erstmals einem Dritten – das kann auch ein Vereinsmitglied sein –, muss überprüft werden, ob eine aktuell gültige Fahrerlaubnis besteht. Diese Kontrolle sollte mindestens alle zwei, besser jedes Jahr wiederholt werden. Eine entsprechende Buchführung ist nützlich.

Benutzt ein Ehrenamtlicher oder ein Vereinsmitglied für seine Tätigkeit im Verein seinen privaten Pkw, gilt zunächst weiter dessen Kfz-Haftpflichtversicherung und gegebenenfalls Vollkaskoversicherung. Im Falle eines Schadens, den der Ehrenamtliche verursacht oder auch nur mitverursacht, trägt zunächst die Kfz-Haftpflichtversicherung den entsprechenden Schadensteil. Es erfolgt dann regelmäßig eine Höherstufung im Rahmen der Versicherung, was zu einer höheren finanziellen Belastung führt. Schäden am eigenen Fahrzeug muss der ehrenamtlich Tätige im Rahmen seiner Verantwortlichkeit selbst tragen. Nur wenn eine Vollkaskoversicherung besteht, werden diese Schäden abgedeckt. Jedoch können auch hier finanzielle Einbußen durch eine Höherstufung eintreten. Dieses Risiko kann der Verein durch eine sogenannte Dienstreiserahmenversicherung abdecken. Entsteht dem ehrenamtlich Tätigen bei der Benutzung seines Pkw ein Schaden, so werden beispielsweise die Kosten einer Höherstufung in der Versicherung durch die Dienstreiserahmenversicherung übernommen. Schäden an dem Pkw des Ehrenamtlichen werden übernommen, sofern ein Dritter diese nicht zu zahlen hat.

Tipp

Eine Dienstreiserahmenversicherung ist häufig nicht besonders günstig, da mit ihr immer eine Vollkaskoversicherung verbunden ist. In vielen Verbänden besteht eine Rahmenversicherung, die eine günstigere Versicherung ermöglicht. Dort lohnt sich eine Nachfrage.

Benutzen Sie als bürgerschaftlich Engagierter regelmäßig Ihr eigenes Auto für Fahrten zu Ihrer ehrenamtlichen Tätigkeit, sollten Sie den entsprechenden Träger fragen, ob eine Dienstreiserahmenversicherung besteht und Sie in diese einbezogen sind. Benutzen Sie jedoch Ihren privaten Pkw auch für die Erledigung Ihrer ehrenamtlichen Tätigkeit, zum Beispiel als Trainer einer Fußballmannschaft zum Transport der Spieler zu einem Auswärtsspiel, dann sollten Sie unbedingt darauf bestehen, dass Ihr Risiko derart abgesichert wird.

BERUFSUNFÄHIGKEITSVERSICHERUNG

Die Berufsunfähigkeitsversicherung ist auch im privaten Bereich eine Versicherung, deren Bedeutung häufig unterschätzt wird. Über die Unfallversicherung kann der ehrenamtlich Tätige durch gesetzliche oder freiwillige Versicherung eine Absicherung auch gegen Berufsunfähigkeit erlangen. Zu bedenken ist jedoch dabei, dass sich die Absicherung immer auf den bisherigen Verdienst bezieht. Gerade in jungen Jahren bzw. zu Beginn einer beruflichen Tätigkeit würden im Falle einer Berufsunfähigkeit nur verhältnismäßig geringe Versicherungsleistungen gezahlt.

Außerdem sind nicht alle ehrenamtlich Tätigen über die gesetzliche Unfallversicherung geschützt. Letztlich ist selbst bei denjenigen, die per Gesetz oder freiwillig in der Unfallversicherung sind, nicht immer klar, ob der Schutz im einzelnen Schadensfall auch greift. Bei einem Wegeunfall reicht ja beispielsweise ein kleiner Umweg und Zwischenstopp für einen privaten Einkauf, um den Versicherungsschutz zu gefährden.

Die Berufsunfähigkeitsversicherung gehört auch ohne ehrenamtliche Tätigkeit zu den empfehlenswerten Versicherungen gerade in ersten Jahren der Berufstätigkeit. Für die Absicherung von Schadensfällen bei einer ehrenamtlichen Tätigkeit bedarf es dann keiner zusätzlichen oder veränderten Berufsunfähigkeitsversicherung.

DATENSCHUTZ IM VEREIN

Im Verein gehen verschiedene Personen mit „bezogenen Daten" von Dritten um. Leider sind viele Vereine dabei recht sorglos. Betroffen sind nicht nur Vereinsmitglieder, sondern auch Ehrenamtliche. Auch Daten von externen Personen, etwa Sponsoren oder Personen, mit denen im Rahmen des Vereinszwecks zusammengearbeitet wird, zum Beispiel Nachbarschaftshilfe, Selbsthilfegruppen, Angehörige von Erkrankten usw., sind betroffen.

Für die Einhaltung der Datenschutzregelungen sind der Vorstand und jeder, der mit Daten im Verein umgeht, verantwortlich. Dabei gilt für nahezu alle Vereine das Bundesdatenschutzgesetz (BDSG). Auch kirchliches Datenschutzrecht unterscheidet sich nicht von den folgenden Ausführungen. Wir konzentrieren uns hier auf den Umgang von Daten der Vereinsmitglieder und Ehrenamtlichen. Besonderheiten beim Umgang mit Daten der unterstützten Personen und der Angehörigen sowie das Datenschutzrecht im Arbeitsverhältnis werden hier nicht behandelt.

Tipp

Sofern nicht mehr als 20 Personen im Verein regelmäßig mit den personenbezogenen Daten von anderen umgehen, wird nach § 4f Bundesdatenschutzgesetz (BDSG) kein eigener Datenschutzbeauftragter benötigt. Dennoch sollte überlegt werden, ob nicht eine geeignete, gegebenenfalls fortgebildete Person im Verein damit betraut werden soll, auf Datenschutzangelegenheiten im Verein zu achten. Sie kann, muss aber nicht Mitglied des Vorstands sein.

Dem Datenschutzrecht liegen einige Grundsätze zugrunde, die generell eingehalten werden müssen und auf den nächsten Seiten erklärt werden. Die Grundsätze werden bei der Auslegung der einzelnen Vorschriften zur näheren Bestimmung herangezogen.

VERBOT MIT ERLAUBNISVORBEHALT

Grundsätzlich ist jeder Umgang mit Daten im Sinne des BDSG verboten. Dies bedeutet, dass jede Erhebung, Speicherung, Nutzung usw. von personenbezogenen Daten generell verboten sind, es sei denn, das BDSG bzw. eine andere gesetzliche Regelung erlauben dies oder es liegt eine wirksame Einwilligung des Betroffenen vor.

§ 28 BDSG lautet: „Das Erheben, Speichern, Verändern oder Übermitteln personenbezogener Daten oder ihre Nutzung als Mittel für die Erfüllung eigener Geschäftszwecke ist zulässig, wenn es für die Begründung, Durchführung oder Beendigung eines rechtsgeschäftlichen oder rechtsgeschäftsähnlichen Schuldverhältnisses mit dem Betroffenen erforderlich ist."

Dies erlaubt es dem Verein, Name und Adresse, vielleicht noch Geburtsdatum und Bankverbindung des Vereinsmitglieds in dem beschriebenen Umfang und nur für die Abwicklung der Mitgliedschaft zu nutzen. Bei den üblicherweise von Vereinsmitgliedern vorliegenden Daten, der Art der Verwendung (und sei es die Gratulation zu Jubiläen) sowie bei den Daten von Nicht-Vereinsmitgliedern ist für den Umgang mit Daten nahezu immer eine schriftliche vorherige Einwilligung des Betroffenen nötig.

Dabei muss beachtet werden, dass eine wirksame Einwilligung bestimmte formale Voraussetzungen erfüllen muss und jeweils nur den Umgang mit den Daten des Betroffenen erlaubt. Im Anhang auf Seite 176 f. finden Sie einen Formulierungsvorschlag für eine solche Einwilligung. Für den Umgang mit besonderen personenbezogenen Daten, wie Angaben über die rassische und ethnische Herkunft, politische Meinungen, religiöse oder philosophische Überzeugungen, Gewerkschaftszugehörigkeit, Gesundheit und Sexualleben, benötigen Sie darüber hinaus eine ausdrückliche Einwilligung mit Bezug auf diese Daten.

WAS BEI DER DATENERHEBUNG ZU BEACHTEN IST

Datenvermeidung und Datensparsamkeit: Gemäß § 3a BDSG sind Datenverarbeitungssysteme an dem Ziel auszurichten, keine oder so wenig personenbezogene Daten wie möglich zu erheben, zu verarbeiten oder zu nutzen. Insbesondere ist von der Möglichkeit der Anonymisierung und Pseudonymisierung Gebrauch zu machen.

Zweckbindung und Zweckbestimmung: Erhobene Daten dürfen nur für den Zweck verwendet werden, für den sie ursprünglich erhoben wurden. Jegliche Nutzung für einen anderen Zweck ist verboten. Hieraus folgt auch, dass der Betroffene von der verantwortlichen Stelle über die Zweckbestimmung der Erhebung, Verarbeitung oder Nutzung unterrichtet werden muss. Sollen Daten des Betroffenen nachträglich zu statistischen Zwecken oder im Hinblick auf die Finanzierung des Vereins, etwa durch die öffentliche Hand (zum Beispiel kommunale Förderung des Vereinszwecks), genutzt werden, ist zunächst zu überprüfen, ob dies durch Einwilligung oder gesetzliche Erlaubnis zulässig gedeckt ist. Darüber hinaus muss der Betroffene von der verantwortlichen Stelle über die ergänzte oder geänderte Zweckbestimmung unterrichtet werden, sofern er nicht bereits auf andere Weise Kenntnis erlangt hat. Insofern ist es natürlich sinnvoll, die Einverständniserklärung von vornherein möglichst weit zu fassen.

Direkterhebung oder Berechtigung: Personenbezogene Daten sind grundsätzlich gemäß § 4 Abs. 2 BDSG beim Betroffenen zu erheben. Ohne seine Mitwirkung dürfen sie nur erhoben werden, wenn eine Rechtsvorschrift dies vorsieht oder zwingend voraussetzt. Außerdem ist eine Erhebung ohne Mitwirkung zulässig, wenn dies zur Erfüllung der Verwaltungsaufgaben oder des Geschäftszwecks erforderlich ist oder die Erhebung bei dem Betroffenen einen unverhältnismäßigen Aufwand erfordern würde *und* keine Anhaltspunkte dafür bestehen, dass überwiegende schutzwürdige Interessen des Betroffenen beeinträchtigt werden.

Sollten Sie jedoch von dem Grundsatz der Direkterhebung abweichen, so müssen Sie den Betroffenen gemäß § 19a BDSG von der Speicherung, der Identität der verantwortlichen Stelle sowie der Zweckbestimmung der Erhebung, Verarbeitung oder Nutzung unterrichten.

Anspruch auf Auskunft, Berichtigung und Löschung: Dem Betroffenen ist auf Antrag Auskunft über die zu seiner Person gespeicherten Daten zu erteilen. Die personenbezogenen Daten müssen korrigiert werden, wenn sie falsch sind. Wird die Richtigkeit von dem Betroffenen bestritten, so ist dies in geeigneter Weise festzuhalten. Die Daten müssen gelöscht werden, wenn die Speicherung unzulässig oder ihre Kenntnis für die verantwortliche Stelle zur Erfüllung ihrer Aufgaben nicht mehr erforderlich ist.

Tipp
Sie sollten die Einwilligung gesondert und ohne zusätzliche Erklärungen, etwa eine Empfangsbestätigung, einholen. Das muss *vor* dem Beginn der Erhebung bzw. Speicherung der Daten geschehen.

Einwilligung des Betroffenen in die Datenverarbeitung: Die Datenverarbeitung von personenbezogenen Daten natürlicher Personen ist zulässig, wenn der Betroffene einwilligt. Diese Einwilligung muss von der Vollmacht und einer Schweigepflichtentbindungserklärung unterschieden werden, beides kann hier nicht behandelt werden. Die Vollmacht dokumentiert nach innen und außen die Bevollmächtigung, für den Betroffenen zu handeln. Die Schweigepflichtentbindungserklärung dokumentiert nach außen, dass gegenüber den zur Verschwiegenheit Verpflichteten, zum Beispiel Banken, Ärzten, Auskünfte erteilt werden dürfen. Die Einwilligung in die Datenverarbeitung ist in § 4a BDSG geregelt. Diese muss schriftlich erfolgen. Sofern sie im Zusammenhang mit anderen Erklärungen erfolgt, muss sie besonders hervorgehoben sein.

Das Gesetz betont ausdrücklich, dass die Einwilligung freiwillig erfolgen muss. Hieraus wird gefolgert, dass nur eine Einwilligung durch eine informierte Person wirksam ist. Dies wird unter anderem dadurch deutlich, dass der Betroffene auf den vorgesehenen Zweck der Erhebung, Verarbeitung oder Nutzung hingewiesen wurde. Wenn besondere personenbezogene Daten über rassische und ethnische Herkunft, politische Meinungen, religiöse oder philosophische Überzeugungen, Gewerkschaftszugehörigkeit, Gesundheit oder Sexualleben erhoben werden, muss das in der Einwilligung darüber hinaus ausdrücklich genannt werden. Das kann beispielsweise so geschehen: „Ich willige ausdrücklich darin ein, dass Daten zu meinem Gesundheitszustand erhoben werden."

Tipp

Die Einwilligung sollte gesondert erfassen, zu welchem Zweck diese besonders geschützten Daten erhoben und verwendet werden. Ein Muster, auf dessen Grundlage eine für Ihren Verein passende Einwilligung in die Datenverarbeitung entworfen werden kann, finden Sie im Anhang.

Nach Möglichkeit sollte die Erhebung solcher Daten vermieden werden. Das ist jedoch auch in der Vereins- und Ehrenamtsarbeit nicht immer möglich. So können zum Beispiel Daten zum Gesundheitszustand bei Selbsthilfegruppen, in der Jugendarbeit (Allergien) oder der Nachbarschaftshilfe durchaus erforderlich sein. Daten zum Familienstand oder zur Kirchenzugehörigkeit können Aufschluss über besondere Merkmale (juristisch gesprochen: Daten) geben. Gibt zum Beispiel eine Person an, in einer eingetragenen Lebenspartnerschaft zu leben, so kann dies den Rückschluss auf seine sexuelle Neigung ermöglichen, denn Lebenspartnerschaften können nur von gleichgeschlechtlichen Paaren ins Partnerschaftsregister eingetragen werden. Die Angabe „römisch-katholisch" etwa gibt Aufschluss über die religiöse Überzeugung.

BESONDERHEIT DES ERWEITERTEN FÜHRUNGSZEUGNISSES

Seit dem 1. Januar 2012 gibt es eine Neuregelung hinsichtlich der Ehrenamtlichen, die in der Kinder- und Jugendarbeit tätig sind. Die entsprechende Norm findet sich in § 72a des Achten Sozialgesetzbuchs (SGB VIII). Diese Vorschrift finden Sie im

Anhang ab Seite 169. Danach müssen alle Ehrenamtlichen in diesem Bereich ein erweitertes Führungszeugnis vorlegen.

Ziel ist es, die Beschäftigung von Personen aus Gründen des präventiven Kinder- und Jugendschutzes zu verhindern, die wegen bestimmter (Sexual-)Straftaten verurteilt wurden. Deshalb muss der Träger bei Personen, die Minderjährige unmittelbar beaufsichtigen, betreuen, erziehen, ausbilden oder einen vergleichbaren Kontakt zu ihnen haben, ein erweitertes Führungszeugnis verlangen.

Die Umsetzung obliegt dem jeweiligen örtlich zuständigen Jugendamt, stellt sich also sehr unterschiedlich dar. Als sinnvoll hat sich eine Umsetzung erwiesen, die auf einer Absprache zwischen den Trägern der Kinder- und Jugendarbeit, Ehrenamtsorganisationen (lokalen Netzwerken oder Koordinationsstellen usw.) und den Jugendämtern beruht.

Häufig wird von diesen bestimmt,

- für welche Tätigkeiten das Führungszeugnis erforderlich ist,
- wie die Beantragung erfolgt,
- unter welchen Bedingungen das Führungszeugnis kostenfrei ist (häufig, wenn nur steuerfreie Aufwandsentschädigungen gezahlt werden),
- in welchen Zeiträumen erneut ein Führungszeugnis einzuholen ist (das Gesetz spricht von regelmäßigen Abständen, in der Praxis meist alle fünf Jahre), laut Gesetz darf das Führungszeugnis bei Vorlage nicht älter als drei Monate sein.

An manchen Orten kann das Führungszeugnis auch beim Jugendamt vorgelegt werden. Der Ehrenamtliche bekommt von dieser Stelle dann eine Bescheinigung, ob eine entsprechende Eintragung vorhanden ist oder nicht.

Wird nach Vorlage des Führungszeugnisses keine Tätigkeit in der Kinder- und Jugendarbeit aufgenommen, sind die Daten unverzüglich zu löschen, anderenfalls spätestens drei Monate nach Beendigung der Tätigkeit.

Vorstrafen, die eine ehrenamtliche Tätigkeit ausschließen oder jedenfalls stark einschränken, sind laut § 72a SGB VIII:

- § 171 Verletzung der Fürsorge- oder Erziehungspflicht,
- § 174 Sexueller Missbrauch von Schutzbefohlenen,
- § 174a Sexueller Missbrauch von Gefangenen, behördlich Verwahrten oder Kranken und Hilfsbedürftigen in Einrichtungen,
- § 174b Sexueller Missbrauch unter Ausnutzung einer Amtsstellung,
- § 174c Sexueller Missbrauch unter Ausnutzung eines Beratungs-, Behandlungs- oder Betreuungsverhältnisses,
- §§ 176 bis 176b Tatbestände des sexuellen Missbrauchs von Kindern,
- §§ 177 bis 179 Tatbestände der sexuellen Nötigung und des sexuellen Missbrauchs,
- § 180 Förderung sexueller Handlungen Minderjähriger,
- § 180a Ausbeutung von Prostituierten,
- § 181a Zuhälterei,
- § 182 Sexueller Missbrauch von Jugendlichen,
- § 183 Exhibitionistische Handlungen,
- § 183a Erregung öffentlichen Ärgernisses,
- §§ 184 bis 184d Verbreitung pornografischer Schriften und Darbietungen,
- §§ 184e bis 184f Ausübung verbotener und jugendgefährdender Prostitution,
- § 225 Misshandlung von Schutzbefohlenen,
- §§ 232 bis 233a Tatbestände des Menschenhandels,
- § 234 Menschenraub,
- § 235 Entziehung Minderjähriger.

Auch wenn sicher alle das Ziel verfolgen, Übergriffe auf Kinder und Jugendliche zu verhindern, muss dem Betroffenen klar sein, dass er sehr sensible Daten preisgibt. Wer vor vielen Jahren mal einen Computer vor dem Gerichtsvollzieher versteckt, bei seiner Firma die Buchführungspflicht verletzt oder den Brief an den Nachbarn geöffnet hat und deshalb verurteilt wurde, hat sicher eine Straftat begangen, aber diese ist längst aus allen Unterlagen verschwunden (bis auf das erweiterte Führungszeugnis). Deshalb sollte beim Träger, der dies einsieht, die Zuständigkeit dafür auf möglichst wenige, vertrauenswürdige Personen beschränkt sein. Die Daten müssen nicht nur wegen der gesetzlichen Verpflichtung vor Zugriffen Unbefugter geschützt werden, sondern nach Möglichkeit sollte das Führungszeugnis nach Einsicht dem Betroffenen zurückgegeben werden.

STEUERPFLICHT DES VEREINS

Der Verein unterliegt als juristische Person den gleichen Bedingungen der Steuerpflicht wie jede andere natürliche oder juristische Person. Zuständig für alle Steuerangelegenheiten des Vereins ist der Vorstand. Gegen ihn können gegebenenfalls auch gesetzliche Pflichten durchgesetzt werden.

Nach einer Entscheidung des Bundesfinanzgerichtshofs (Urteil vom 23. Juni 1998, Az.: VII R 4/98) haftet auch der ehrenamtlich und unentgeltlich tätige Vereinsvorsitzende grundsätzlich nach denselben Grundsätzen wie der Geschäftsführer einer GmbH für die Erfüllung dieser Verpflichtungen. Der Vorstand haftet als gesetzlicher Vertreter gemäß § 69 in Verbindung mit § 34 Abgabenordnung **persönlich**, sofern obliegende Pflichten aus dem Steuerverhältnis nicht oder nicht rechtzeitig erfüllt werden.

Gerade in kleineren (oft nicht eingetragenen) Vereinen meint man oft, dass die Steuer keine Rolle spielt, weil ja nur die Vereinsarbeit finanziert und sowieso Überschuss weder angestrebt noch erzielt wird. Das ist jedoch falsch.

Beispiele:

- Die freiwillige Feuerwehr hat auf dem Dorffest einen Bratwurststand. Mit dem Überschuss aus dem Verkauf wird nachweislich die Jugendarbeit finanziert.
- Der nicht eingetragene Verein zur Pflege der Mundart führt mit seiner Laienspielgruppe ein Theaterstück auf. Der Eintritt deckt gerade die Saalmiete und die Kosten für die Kulissen.
- Am Rande der Mitgliederversammlung eines Vereins findet eine Tombola mit gespendeten Preisen statt. Der Erlös aus dem Verkauf der Lose soll „gestiftet" werden.

In allen drei Fällen hängt es von weiteren Faktoren ab, ob Steuern zu zahlen sind. Der beschriebene Sachverhalt muss stets gegenüber dem Finanzamt erklärt werden. Selbst wenn sicher wäre, dass keine Steuer anfällt, befreit dies nicht von der Verpflichtung zur (Steuer-)Erklärung. Die Tombola muss übrigens nach dem Rennwett- und Lotteriegesetz angemeldet werden.

Die Steuerpflicht des Vereins bezieht sich auf

- Ertragsteuern (zum Beispiel Körperschaftsteuer, Gewerbesteuer, Kapitalertragsteuer),
- Verkehrssteuern (zum Beispiel Umsatzsteuer, Erb- und Schenkungsteuer, Grunderwerbsteuer, Wett- und Lotteriesteuer),
- Besitzsteuern (Grundsteuer).

Dabei gibt es eine kaum zu übersehende Zahl von Sonderregelungen insbesondere für den gemeinnützigen Verein. Nur bei sehr kleinen Vereinen oder wenn ein Spezialist dabei ist, empfiehlt es sich, dass der Vorstand die erforderlichen Erklärungen selbst anfertigt.

Unabdingbar ist eine ordnungsgemäße Rechnungslegung hinsichtlich aller Einnahmen, Ausgaben und Rücklagen des Vereins. Die Aufzeichnungen müssen wahr und vollständig und aktuell sein, also laufend geführt werden. Beim gemeinnützigen Verein müssen die Aufzeichnungen der steuerbegünstigten Bereiche von nicht steuerbegünstigten Bereichen getrennt geführt werden. Allein die Zuordnung zu den vier Geschäftsbereichen eines Vereins ist für den Laien sehr schwer. Es gibt

- den ideellen Bereich (zum Beispiel Mitgliedsbeiträge und Spenden),
- die Vermögensverwaltung, das ist die Verwaltung von angelegtem Vermögen, Grundstücken und bestimmten Rechten,
- den Zweckbetrieb mit notwendigen Aktivitäten zur Erreichung des steuerbegünstigten Satzungszwecks, jedoch nur innerhalb bestimmter Grenzen,
- den Geschäftsbetrieb mit sonstigen wirtschaftlichen Aktivitäten des Vereins.

Die ersten drei Bereiche sind im gemeinnützigen Verein steuerbegünstigt oder sogar steuerbefreit. Der Geschäftsbetrieb hingegen ist voll steuerpflichtig.

Tipp

Die Muster für die Einnahmen-Ausgaben-Rechnung sowie die Vermögens- und Rücklagenaufstellung sind – abgesehen von den steuerlichen Pflichten – auch sehr hilfreich zur Vorbereitung der Rechnungslegung auf der Mitgliederversammlung.

In der Regel sollte der Vorstand professionelle Hilfe durch eine Steuerberatung in Anspruch nehmen. Unabhängig davon sollte der Vorstand die Grundzüge der Vereinsbesteuerung kennen. Zahlreiche Informationen dazu bietet die uneingeschränkt zu empfehlende, kostenlose, sehr gut lesbare und verständliche **Broschüre „Steuertipps für Vereine"** des Bayerischen Staatsministeriums der Finanzen an, www.bestellen.bayern.de. Sie können sie dort downloaden oder für die Zusendung per Post bestellen. Enthalten ist das Muster einer Einnahmen-Ausgaben-Rechnung und das Muster einer Vermögens- und Rücklagenaufstellung.

URHEBERRECHT UND RECHT AM BILD IN DER VEREINSARBEIT

Gerade Vereine sind auf Öffentlichkeitsarbeit angewiesen. Mitglieder, Besucher, Sponsoren, Spender und andere Unterstützer sollen durch Berichte über die Aktivitäten gewonnen werden. Bei dieser Aufgabe muss auch der Verein, wie jeder Mensch, das geistige Eigentum Dritter berücksichtigen. Verein und der jeweilige Verwender müssen unter anderem bei Druckwerken und im Internet das Urheberrechtsgesetz beachten. Dies geschieht aber nicht immer – und dann kann es teuer werden! Wer kennt das nicht: schnell einen Artikel über den Verein aus der Zeitung auf die Homepage gestellt, einen netten Spruch als Motto gewählt, den lustigen Cartoon oder die Anfahrtsskizze auf den Flyer gedruckt. Trudelt dann eine Abmahnung ins Haus, ist die Verwunderung groß.

Das Urheberrecht ist nicht ganz leicht zu verstehen. Zudem ist die einschlägige Rechtsprechung bezüglich der neuen Medien auch weiterhin im Fluss. Wichtig zu wissen ist, dass nicht nur Lieder und Filme geschützt sind, sondern jede Form des fremden geistigen Eigentums. Was alles darunter fällt, lässt sich hier nicht vollständig aufzählen. Zu den häufigen Formen zählen auf jeden Fall Texte (jeder Art, auch Zeitungsartikel oder Sprüche), Bilder (auch ein gezeichneter Regenschirm), Fotos (auch von Gegenständen oder Landschaften), Cartoons, Stadtpläne (auch aus dem Internet), Kochrezepte, Liedtexte, Noten, Videos und Filme.

Zu einer berechtigten Nutzung gehört immer zweierlei: Man muss den Urheber nennen und man benötigt (bis auf wenige Ausnahmen etwa im Bereich wissenschaftlicher Arbeiten) die Erlaubnis des Berechtigten, das Material in der beabsichtigten Weise zu benutzen.

Viele denken: Wenn kein Copyright-Zeichen vorhanden ist, kann man das Material zur weiteren Verwendung aus dem

Internet herunterladen oder etwa aus dem gedruckten Werk, zum Beispiel der Zeitung, kopieren. Und sei es nur, um einen Pressespiegel zu erstellen. Das ist jedoch falsch! Zwar gibt es Urheber, die ihre Werke zur Nutzung durch Dritte zum Beispiel ins Internet stellen, aber selbst in diesen Fällen legt der Berechtigte fest, in welchem Umfang oder unter welchen Bedingungen sein Werk zu nutzen ist.

Einige der gängigen Bestimmungen sind:

- kommerzielle – nicht kommerzielle Zwecke,
- mit Namensnennung – ohne Namensnennung,
- unverändert – beliebig verändert,
- zeitlich befristet – unbefristet.

Der Verwender von fremdem geistigem Eigentum muss sicherstellen, dass ihm die Verwendung in der gewählten Form erlaubt ist. Das ist nicht immer einfach. Möchten Sie einen Zeitungsartikel auf eine Homepage stellen, müssen Sie sich an den Verlag wenden. Aber schon bei Fotos in sozialen Netzwerken kann es schwer sein, überhaupt den Ansprechpartner zu finden.

Der Gesetzgeber hat jüngst die Anwaltskosten einer erstmaligen Abmahnung begrenzt, um die Folgen eines erstmaligen Verstoßes abzumildern und Auswüchse im Bereich der Abmahnung einzudämmen (§ 97a Urheberrechtsgesetz). Dies betrifft jedoch nur Abmahnungen gegenüber natürlichen Personen und gilt damit nicht bei Urheberrechtsverletzungen durch einen Verein, der ja eine juristische Person ist. Daher kann eine Abmahnung den Verein je nach Lage des Einzelfalls weiterhin schnell einige Hundert bis zu mehrere Tausend Euro kosten.

Es ist oft schwierig festzustellen, ob man ein Foto, einen Text oder einen anderen Inhalt selbst für den gewünschten Zweck (zum Beispiel Plakat, Flyer oder Internetseite) nutzen darf. Das gilt selbst dann, wenn man zur Nutzung geradezu eingeladen wird („zum Herunterladen hier klicken"). Grundsätzlich sollte man eher einmal zu viel als einmal zu wenig bei dem Berechtigten um Erlaubnis fragen. Die Einwilligung bedarf keiner Form und kann auch am Telefon erfolgen. Das mag bei der Lokalzeitung genügen. Meist ist jedoch eine schriftliche Einwilligung zu empfehlen.

Wenn der Vorstand Verantwortliche für die Vereinszeitschrift oder andere Druckwerke und für den Internetauftritt einschließlich der Kommunikation in den sozialen Netzwerken sucht, sollte diese Person nicht nur die inhaltliche Arbeit leisten können, sondern auch die bestehenden Regeln kennen und einhalten. Gegebenenfalls muss der Vorstand eine solche Person auch zu einer passenden Fortbildung schicken.

Tipp

Im Zweifel gilt: Sind Sie sich nicht ganz sicher, dass Sie etwas verwenden dürfen, so lassen Sie es lieber bleiben.

Im Rahmen der Öffentlichkeitsarbeit nutzen viele Vereine Fotos rund um ihre Arbeit. Eine Besonderheit besteht bei der Nutzung von Fotos, auf denen Personen zu erkennen sind. Hier kommen neben den Rechten des Urhebers und des Nutzungsrechtsinhabers auch noch die Rechte des Abgebildeten ins Spiel. In § 22 des Gesetzes betreffend das Urheberrecht an Werken der bildenden Künste und der Fotografie (KunstUrhG) heißt es: „Bildnisse dürfen nur mit Einwilligung des Abgebildeten verbreitet oder öffentlich zur Schau gestellt werden" (vollständige Vorschrift im Anhang ab Seite 174). Im Grundsatz bedeutet diese Regelung, dass jegliche über rein private (interne) Nutzung hinausgehende Verwendung eines Fotos, auf dem mindestens eine Person abgebildet ist, der Einwilligung aller abgebildeten Personen bedarf. Wichtig ist, dass es sich um die Verbreitung von Personenfotos handelt. Das betrifft Druckwerke jeder Art, die Verbreitung per E-Mail (etwa als Anhang) oder in sozialen Netzwerken oder auch der Aushang am Schwarzen Brett. Für die Einwilligung des Abgebildeten gibt es keine vorgeschriebene Form. Sie kann folglich auch mündlich oder durch schlüssiges Verhalten erklärt werden. Rufen Sie etwa zu einem Foto für die Presse zusammen, so können Sie davon ausgehen, dass alle, die sich dazustellen, mit der Veröffentlichung in der Presse einverstanden sind. Auch wenn eine abgebildete Person Geld für ein Foto bekommt, wird ihre Einwilligung vermutet.

Das Gesetz nennt in § 23 KunstUrhG (siehe Anhang) vier Ausnahmen von der Notwendigkeit einer Einwilligung der abgebildeten Person. In diesen Fällen ist keine Einwilligung nötig, wenn man das Bild einer Person veröffentlicht. Zwei von diesen Ausnahmen spielen in der Vereinsarbeit nur selten eine Rolle und seien hier nur kurz genannt:

1. Bilder von Personen, die schlichtes Beiwerk einer Landschaft oder sonstigen Örtlichkeit darstellen.

2. Bilder von Personen im Bereich der Kunst.

3. Bilder von Personen der Zeitgeschichte kann man ebenfalls ohne Einwilligung verwenden. Damit sind nicht nur Personen gemeint, die aus „Funk und Fernsehen" bekannt sind. Auch die Bürgermeisterin, der Vereinsvorsitzende oder jemand, der auf einer Veranstaltung etwas darbietet, sind (soweit sie in dieser Funktion auftreten) Personen der Zeitgeschichte.

Tipp

Möchten Sie ein Foto einer Veranstaltung veröffentlichen, ist es günstig, zum Podium hin statt vom Podium weg ins Publikum zu fotografieren. Die Personen auf dem Podium sind regelmäßig Personen der Zeitgeschichte.

Die 4. und letzte Ausnahme, nach der man für die Veröffentlichung eines Fotos regelmäßig keine Einwilligung benötigt, ist die wichtigste für die Öffentlichkeitsarbeit im Verein. Sie betrifft „Bilder von Versammlungen, Aufzügen und ähnlichen Vorgängen, an denen die dargestellten Personen teilgenommen haben". Diese Ausnahme wird jedoch auch am häufigsten falsch verstanden. Man hört und liest immer wieder, dass wenn auf einem Foto mehr als drei, fünf oder sieben Personen abgebildet seien, eine Veröffentlichung (auch ohne Einwilligung) erlaubt sei. Das ist jedoch falsch!

Fünf Personen, die vor einer Beratungsstelle auf ihren Termin warten, nehmen nicht an einer Veranstaltung teil. Eine einzeln stehende (und fotografierte) kostümierte Person auf dem Mittelalterfest fällt sehr wohl unter diese Ausnahme. Die Anzahl der Personen auf einem Foto ist also definitiv nicht entscheidend!

Grundsätzlich ist die Veröffentlichung oder Zurschaustellung von Fotos mit Personen nur mit deren Einwilligung zulässig. Davon gibt es die dargestellten Ausnahmen. Aber auch diese Ausnahmen sind nicht grenzenlos. Durch die Veröffentlichung ohne Einwilligung darf kein berechtigtes Interesse des Abgebildeten verletzt werden (so § 23 Abs. 2 KunstUrhG, siehe Anhang). Beim Naseputzen oder „Ordnen" der Kleidung fotografiert zu werden, ist sicherlich nicht vorteilhaft für den Betroffenen. Sein berechtigtes Interesse, nicht abgebildet zu werden, ist daher nachvollziehbar. Will also jemand mit Bezug auf seine berechtigten Interessen die Veröffentlichung eines Fotos verhindern, dann sollten Sie nicht lange suchen, ob es nicht doch ein Recht gibt, das die Veröffentlichung erlaubt. In solchen Fällen sollten Sie auf die weitere Veröffentlichung verzichten.

Tipp

Auf einer Ankündigung oder Einladung sollte nach Möglichkeit darauf hingewiesen werden, dass „Fotos zum Zweck der Öffentlichkeitsarbeit" gemacht werden.

Personen, die Sie in Zusammenhang mit einem Bild namentlich benennen, zum Beispiel in einer Bildunterschrift, sind Ihnen ja bekannt. In diesen Fällen können Sie auch leicht die Einwilligung einholen. Bei Fotos von Kindern sollte eine besondere Zurückhaltung an den Tag gelegt werden. Sofern eine Einwilligung erforderlich ist, wird die eines Erziehungsberechtigten, in der Regel ein Elternteil, benötigt.

Nach dem Gesetz hat das Recht am eigenen Bild den Vorrang. Deshalb sollten Sie bei Zweifeln über die Berechtigung besser von einer Nutzung absehen.

ZUSAMMENGEFASST

- Der Verein haftet als juristische Person mit dem gesamten Vereinsvermögen.
- Der Verein sollte den gesetzlichen Unfallversicherungsschutz sicherstellen, wenn dieser nicht bereits per Gesetz besteht.
- Der Verein sollte eine Vereinshaftpflichtversicherung haben.
- Der Verein muss im Einzelfall prüfen, ob ein weiterer Versicherungsschutz sinnvoll ist. Dies kann insbesondere der Fall sein, wenn der Verein als Veranstalter tätig wird.
- Den Verein treffen als juristische Person alle Steuerpflichten. Die Steuerpflicht des Vereins umfasst
  - Ertragsteuern (zum Beispiel Körperschaftsteuer, Gewerbesteuer, Kapitalertragsteuer),
  - Verkehrssteuern (zum Beispiel Umsatzsteuer, Erb- und Schenkungsteuer, Grunderwerbsteuer, Wett- und Lotteriesteuer) und
  - Besitzsteuern (Grundsteuer).
- Der Verein hat für die Einhaltung von Datenschutz und Urheberrecht zu sorgen.

DIE RECHTSSTELLUNG DER AKTIVEN IM VEREIN

05

Der erfolgreiche Verein wird in der Praxis immer von vielen Personen getragen. Dies ist nicht nur der Vorstand, über den wir ja schon einiges erfahren haben.
Zu den Säulen des Vereins gehören auch die (einfachen) Mitglieder und die sonstigen Funktionsträger (zum Beispiel Kassenprüfer). Deren Rechtsstellung soll im Weiteren beschrieben werden.

DAS (EINFACHE) VEREINSMITGLIED

Über die Rechte und Pflichten eines einfachen Vereinsmitglieds ohne „Amt und Würden" sagt das Gesetz wenig aus. Vieles zu den Mitwirkungsrechten des Vereinsmitglieds ergibt sich aus den Ausführungen zur Mitgliederversammlung im Kapitel 2 ab Seite 46 und zur Satzung im Kapitel 1 ab Seite 24.

RECHTE DES VEREINSMITGLIEDS

Die Mitgliederversammlung ist der Ort für die Mitwirkung der Mitglieder. Die Satzung legt die Details für die Mitwirkung ergänzend oder auch abändernd zu den gesetzlichen Vorschriften fest.

Zu den grundlegenden Rechten der Mitglieder gehören:

- ordnungsgemäße Einladung zur Mitgliederversammlung,
- Teilnahme an der Mitgliederversammlung,
- Antragsrecht zur Mitgliederversammlung,
- Rederecht auf der Mitgliederversammlung,
- Fragerecht auf der Mitgliederversammlung,
- Auskunftsrecht auf der Mitgliederversammlung,
- Stimmrecht auf der Mitgliederversammlung,
- aktives Wahlrecht,
- passives Wahlrecht.

Diese Rechte können durch die Satzung gestaltet, eingeschränkt oder auch einzeln ausgeschlossen werden (zum Beispiel passives Wahlrecht für Minderjährige oder Vereinsmitarbeiter). Dabei dürften die Regelungen jedoch nicht so weit gehen, dass die Grundsätze des Vereinsrechts ausgehebelt würden, etwa wenn die Satzung so gestaltet ist, dass letztlich nur eine bestimmte Person als Vorstand gewählt werden oder nur eine sehr kleine Minderheit Einfluss auf Entscheidungen des Vereins haben kann. Gesetzlich festgelegte Minderheitenrechte dürfen nur eingeschränkt oder gar nicht beschränkt werden.

Soweit es nicht in der Satzung geregelt ist, gibt es keinen ausdrücklichen Anspruch auf ein Protokoll der Mitgliederversammlung und erst recht nicht der Vorstandssitzungen. Selbst die Einsichtnahme in das Protokoll der Mitgliederversammlung ist nicht geregelt. Bei Nachweis eines berechtigten Interesses (etwa weil ein Beschluss das Mitglied betrifft) dürfte sich ein Einsichtsrecht jedoch aus den Grundsätzen des Vereinsrechts ergeben.

Eine Regelung zur Protokollvorlage durch den Vorstand und gegebenenfalls auch zur Genehmigung durch die nächste Mitgliederversammlung sollte in die Satzung aufgenommen werden.

Jedes Mitglied hat das Recht, die Unwirksamkeit eines Mitgliederversammlungsbeschlusses gerichtlich feststellen zu lassen. Ferner haben Vereinsmitglieder das Recht auf Teilnahme am Vereinsleben. Das bedeutet nicht, dass jedes Vereinsmitglied an jeder Aktivität des Vereins teilnehmen darf oder völlig unbeschränkten Zugang zu den Vereinseinrichtungen haben muss. Gewährleistet sein muss auf jeden Fall die Beteiligung an dem satzungsgemäß festgelegten gemeinsamen Zweck des Vereins.

Tipp
Die Rechte der einzelnen Mitglieder oder eine Einschränkung der oben aufgeführten Rechte sind immer in der Satzung geregelt. Auch wenn es mühsam erscheint: Wer einem Verein beitritt, sollte zuvor die Satzung lesen!

Das Recht zur Kündigung der Vereinsmitglieder darf nicht ausgeschlossen sein und für maximal zwei Jahre eingeschränkt werden. Ebenso wenig darf ein Vereinsmitglied willkürlich (das heißt ohne sachlichen Grund) ausgeschlossen werden.

PFLICHTEN DES VEREINSMITGLIEDS

Das einfache Vereinsmitglied hat jedoch nicht nur Rechte, sondern auch Pflichten. In aller Regel ist dies zunächst die Pflicht, ein gegebenenfalls in der Satzung festgelegtes Beitrittsgeld und den festgelegten Mitgliedsbeitrag bei Fälligkeit zu zahlen. Geschieht das nicht, hat der Vorstand den Betrag beizutreiben, gegebenenfalls sogar durch Titulierung und Vollstreckung. Auch ohne Regelung in der Satzung ist bei Nichtzahlung eine Kündigung möglich.

Tipp

Mit Blick auf die gesetzliche Unbestimmtheit der Treue- und Förderpflicht ist zu empfehlen, diese mit einer genauen Beschreibung in die Satzung aufzunehmen, wenn hieraus konkrete Verhaltensweisen abgeleitet werden sollen.

Jedem Mitglied obliegt eine grundsätzliche Treue- und Förderpflicht gegenüber seinem Verein, auch wenn diese nicht ausdrücklich im Gesetz genannt ist. Diese Pflicht ist in der Rechtsprechung kaum konkretisiert, gefordert ist zumindest ein loyales Verhalten gegenüber dem Verein. Damit ist natürlich nicht gemeint, dass man innerhalb des Vereins keine Minderheitsmeinung vertreten darf.

Wird ein Verein zahlungsunfähig oder überschuldet, das heißt, kann der Verein die gegen ihn bestehenden Verbindlichkeiten bald nicht mehr zahlen bzw. übersteigen die Schulden das Vermögen, dann muss der Vorstand Insolvenz anmelden. Unabhängig davon haftet das Vereinsmitglied jedoch nicht mit seinem persönlichen Vermögen für Forderungen gegen den Verein. Das gilt für eingetragene und nicht eingetragene Vereine. Nur fällige Beitrittsgelder und Mitgliedsbeiträge sind zu leisten.

Auch im Falle der Insolvenz ist das Vereinsmitglied grundsätzlich nicht nachschusspflichtig. Das heißt, die Vereinsmitglieder sind nicht verpflichtet, Einlagen zu leisten, damit die Forderungen gegen den Verein beglichen werden können (sogenannte Durchgriffshaftung). Der Bundesgerichtshof hat in seinem „Kolping-Urteil" vom 10. Dezember 2007 (Az.: II ZR 239/05) eine Durchgriffshaftung auf Fälle, in denen das Verhalten (in diesem Fall die Vereinskonstruktion) rechtsmissbräuchlich ist, beschränkt. Das bedeutet, dass im normalen Verein eine Durchgriffshaftung bzw. Nachschusspflicht ausscheidet.

Grundsätzlich kann ein Verein eine Nachschusspflicht in die Satzung aufnehmen. Dabei muss dann aber die Obergrenze genau festgelegt oder bestimmbar sein, damit das beitretende Mitglied die Höhe seines Risikos kennt oder im Falle der nachträglichen Aufnahme in die Satzung (vor Eintritt der Nachschusspflicht) über seine Kündigung entscheiden kann (siehe auch Bundesgerichtshof Urteil vom 24. September 2007, Az.: II ZR 91/06). Das gilt auch dann, wenn ein entsprechendes Darlehen gewährt werden soll (siehe dazu Bundesgerichtshof Urteil vom 2. Juni 2008, Az.: II ZR 289/07).

Einfache Vereinsmitglieder haften nicht für Forderungen, die gegen den Verein bestehen. Sie müssen wegen solcher Forderungen auch nicht Geld in das Vereinsvermögen nachschießen.

HAFTUNG FÜR DAS HANDELNDE VEREINSMITGLIED

Die Nicht-Haftung für Forderungen gegen den Verein darf nicht mit der Frage verwechselt werden, ob (einfache) Vereinsmitglieder wegen ihres persönlichen Verhaltens dem Verein oder wegen ihres Handelns für den Verein einem Dritten gegenüber verpflichtet sein können.

Innenhaftung gegenüber dem Verein

Ein Haftungsproblem kann entstehen, wenn ein Vereinsmitglied Arbeiten übernimmt und dabei seinem Verein einen Schaden zufügt.

Das Beispiel ist einem Fall nachgebildet, den das OLG Schleswig-Holstein mit Urteil vom 24. September 2009 entschied (Az.: 11 U 156/11). Zwei Vereinsmitglieder reparieren die Befestigung der Dachrinne und beschädigen bei den dafür nötigen Schweißarbeiten das Vereinsheim. Die Versicherung will nach Regulierung des Schadens von den Vereinsmitgliedern Ersatz. Das Gericht stellt fest, dass die Vereinsmitglieder nicht aufgrund eines (gegebenenfalls stillschweigend geschlossenen) Vertrags tätig waren, sondern aus ihrer mitgliederschaftlichen Stellung. Tritt nun ein Schaden ein, der ein mit den übernommenen Aufgaben typischerweise verbundenes Risiko darstellt, ergibt sich ein interner Freistellungsanspruch des Vereinsmitglieds gegen seinen Verein.

Im Ergebnis haftet das Vereinsmitglied in der Regel nicht, wenn es Aufgaben übernimmt und dabei der Verein geschädigt wird. Anders liegt der Fall natürlich, wenn das Vereinsmitglied seinen Verein vorsätzlich schädigt, indem es beispielsweise die Vereinskasse leert.

Außenhaftung gegenüber Dritten außerhalb des Vereins

Handelt ein Vereinsmitglied im Rahmen seiner Vereinsmitgliedschaft, so sind hinsichtlich einer Haftung gegenüber Personen außerhalb des Vereins zwei Fälle zu unterscheiden. Der erste Fall tritt ein, wenn das Vereinsmitglied im Namen des Vereins rechtsgeschäftlich handelt, also zum Beispiel einen Vertrag schließt. Im eingetragenen Verein ist dabei die Rechtslage einfach. Sofern das Vereinsmitglied ordnungsgemäß bevollmächtigt wurde (in der Regel durch den Vorstand), innerhalb seiner Bevollmächtigung und im Namen des Vereins handelt, so haftet allein der Verein für das Rechtsgeschäft.

Anders verhält es sich im nicht eingetragenen Verein. Dort haftet außer dem Verein und dem Vorstand immer auch derjenige, der für den Verein handelt (vgl. § 54 Abs. 2 BGB). Das gilt ebenfalls für Rechtsgeschäfte, die ausdrücklich im Namen des Vereins abgeschlossen wurden.

Der Vorstand des nicht eingetragenen Vereins beauftragt das einfache Vereinsmitglied A., das Sommerfest zu organisieren. Dafür mietet A. ein Festzelt im Namen des Vereins. Obwohl A. ordnungsgemäß bevollmächtigt ist, im Rahmen seiner Bevollmächtigung und im Namen des Vereins gehandelt hat, haftet A. mit seinem Privatvermögen für die Zeltmiete. Im eingetragenen Verein wäre dies nicht der Fall, es sei denn, A. hätte eine eigene vertragliche Verpflichtung übernommen.

Letztlich ist die Eintragung eines Vereins folglich eine Haftungsbeschränkung für Vereinsmitglieder außerhalb des Vorstands.

Der zweite Fall der Haftung gegenüber Personen außerhalb des Vereins besteht, wenn durch das Handeln im Rahmen der Vereinsarbeit einem Dritten ein Schaden entsteht. Dabei ist es egal, ob der Handelnde Vereinsmitglied ist oder ohne Mitgliedschaft für den Verein tätig ist. Dieses Problem wird daher im Abschnitt zu den ehrenamtlich Tätigen ab Seite 121 behandelt.

KASSENWART, KASSENPRÜFER UND SONSTIGE (EHREN-)ÄMTER IM VEREIN

Das Gesetz definiert außer den Vorstand und sogenannten besonderen Vertretern keine weiteren Ämter im Verein. Dennoch gibt es im Verein viele, die – gewählt oder bestimmt – Aufgaben für den Verein übernehmen, zum Beispiel Kassenwart, Kassenprüfer, Protokollführer, Leiter von Abteilungen, Herausgeber von Vereinszeitungen, Internetbeauftragte und viele mehr.

Natürlich müssen und sollten Person, die ein solches Amt übernehmen, sich bemühen, dieses nach „bestem Wissen und Gewissen" auszuüben. Nach dem, was wir auf den vorherigen Seiten zur Innenhaftung von Vereinsmitgliedern erfahren haben, scheidet aber eine Haftung gegenüber dem Verein aus, wenn die mit der Tätigkeit verbundene Gefahr tatsächlich Wirklichkeit wird. Nur ausnahmsweise könnte eine Haftung aus dem jeweiligen Amt resultieren, wenn die Person vorsätzlich oder grob fahrlässig gehandelt hat.

Der Kassenprüfer stellt fest, dass die ausgewiesenen Rücklagen des Vereins in Wahrheit nicht vorhanden sind. Das einzige Vorstandsmitglied erklärt, diese seien unter seinem Namen ertragreich angelegt. Der Kassenprüfer berichtet auf der Mitgliederversammlung nicht über seine Entdeckung, was als Fehler zu werten ist. Es wäre aber zu prüfen, ob der Fehler des Kassenprüfers überhaupt noch einen Einfluss auf den möglichen Schaden des Vereins gehabt hätte. Die Haftung des Kassenprüfers wäre in einem solchen Fall nicht unbedingt ausgeschlossen.

In manchen Fällen bestimmt das Gesetz, dass auch der Handelnde selbst (und nicht derjenige, für den er handelt) für bestimmte Folgen verantwortlich ist. Hier zu nennen sind beispielsweise das Urheberrecht und der Datenschutz.

Der vom Vorstand benannte Verantwortliche für die Internetseite stellt einen Artikel über den Verein auf die Vereinshomepage, ohne die notwendige Erlaubnis der Zeitung einzuholen. Hier würde außer dem Verein der Internetverantwortliche wegen der Urheberrechtsverletzung haften. In der Regel dürfte nach den dargestellten Grundsätzen ein Freistellungsanspruch von der Haftung gegenüber dem Verein bestehen. Dies beseitigt jedoch nicht die strafrechtliche Verantwortlichkeit des Handelnden (nach § 106 Urheberrechtsgesetz).

ZUSAMMENGEFASST

- Das Vereinsmitglied kann seine Rechte im Wesentlichen auf der Mitgliederversammlung geltend machen.
- Die Satzung legt ergänzend zu den gesetzlichen Grundsätzen die Rechte der Vereinsmitglieder fest.
- Das Vereinsmitglied haftet nicht mit seinem persönlichen Vermögen für Verbindlichkeiten des Vereins (keine Durchgriffshaftung).
- Das für den Verein handelnde Vereinsmitglied haftet dem Verein in der Regel nicht für Schäden. Sofern Dritte durch die Tätigkeit eines Aktiven geschädigt werden, hat das Vereinsmitglied regelmäßig einen Anspruch gegen den Verein, dass es von der Haftung freigestellt wird.
- Eine Vereinshaftpflichtversicherung schützt Aktive im Verein.
- Ämter außerhalb des Vorstands (zum Beispiel Kassenprüfer) führen in der Regel nur dann zu einer Haftung, wenn wissentlich an einer Schädigung des Vereins mitgewirkt wurde.

EHRENAMTLICH TÄTIGE MIT UND OHNE AMT

06

Außer den Vorständen und anderen Amtsinhabern gibt es viele weitere, die die Vereine unterstützen. Diese können, müssen aber nicht unbedingt Vereinsmitglieder sein. Bei allen Genannten tritt gerade im Verein ein besonderes Problem der Unterscheidung auf: Wann unterstützt jemand den Verein ehrenamtlich und wann ist diese Person ein Arbeitnehmer?

Die Abgrenzung zwischen Arbeitnehmer und Ehrenamtler ist von weitreichender Bedeutung. Bei Arbeitnehmern gibt es unter anderem hinsichtlich der Steuer, der Haftung, der Versicherung und vieler weiterer Punkte ein eigenes Recht. Das Arbeitsrecht unterscheidet sich ganz grundlegend von der Handhabung im Ehrenamt. Arbeitsrechtliche Regelungen können und sollen hier nicht dargelegt werden. Aber wann ist denn nun ein Aktiver im Verein ehrenamtlich tätig?

Wir werden sehen (im Abschnitt „Steuerpflicht der Ehrenamtlichen" ab Seite 127), dass Zahlungen an Ehrenamtliche durchaus möglich und zum Teil sogar von der Einkommensteuer befreit sind. Die Zahlung eines Geldbetrags ist folglich kein Abgrenzungskriterium zwischen Arbeitnehmern und Ehrenamtlichen. Leider definiert das Gesetz nicht verbindlich, was „Ehrenamt" ist. Letztlich entscheidend ist, dass ein Ehrenamt etwas gänzlich Freiwilliges ist.

Natürlich kann der Verein auch gegenüber einem ehrenamtlichen Helfer bestimmen, wie, wann und bei wem etwas gemacht werden soll, wenn dies im Namen des Vereins erfolgt. Entscheidend ist jedoch, ob der Verein die Person dazu „zwingen" kann, etwas zu tun. Ein Arbeitnehmer ist weisungsgebunden; wenn er nicht krank ist oder Urlaub hat, muss er eine (zumutbare und zulässige) angeordnete Tätigkeit auch durchführen. Der Ehrenamtliche kann gehen, und zwar grundsätzlich jederzeit. Als Indizien für eine Weisungsabhängigkeit gelten einige Merkmale: Für ein Beschäftigungsverhältnis spricht, wenn der Betroffene Urlaub beantragen muss, Geld bekommt, auch wenn er krank ist, sich krankmelden oder eine Krankmeldung vorlegen muss, an Betriebsversammlungen teilnimmt oder nach außen als Mitarbeiter vorgestellt wird.

Besonders schwierig kann die Abgrenzung in Mischfällen sein. A. macht für den Verein die Buchhaltung. Dafür kommt sie montags bis mittwochs einen halben Tag. Hierfür erhält sie einen festen Betrag im Monat, auch wenn sie krank oder in Urlaub ist. Zusätzlich organisiert A. das Sommerfest. In der Art der Planung ist sie völlig frei. Hierfür erhält sie einen einmaligen Betrag. In diesem Fall könnte es sein, dass A. hinsichtlich der Buchhaltung abhängig beschäftigt und im Übrigen ehrenamtlich tätig ist.

Bestehen Unklarheiten, ob die Beträge, die an einen Ehrenamtlichen gezahlt werden, der Lohnsteuer- und eventuell der Sozialversicherungspflicht unterliegen, kann nach § 42e EStG beim Betriebsstättenfinanzamt (das ist das für den Verein zuständige Finanzamt) eine rechtsverbindliche, kostenfreie Auskunft eingeholt werden.

EHRENAMT UND MINDESTLOHN

Das Tarifautonomiestärkungs- bzw. Mindestlohngesetz (MiLoG) regelt zukünftig den Mindestlohn in Deutschland. Es war bis dahin nicht klar, wann die Ausnahmeregelung des § 22 MiLoG auf das Ehrenamt anzuwenden ist. Deshalb wurde folgender Beschluss gefasst: „Die Koalitionsfraktionen sind mit dem Bundesministerium für Arbeit und Soziales darin einig, dass ehrenamtliche Übungsleiter und andere ehrenamtlich tätige Mitarbeiter in Sportvereinen nicht unter dieses Gesetz fallen. Von einer ehrenamtlichen Tätigkeit im Sinne des § 22 Absatz 3 MiLoG ist immer dann auszugehen, wenn sie nicht von der Erwartung einer adäquaten finanziellen Gegenleistung, sondern von dem Willen geprägt ist, sich für das Gemeinwohl einzusetzen. Liegt diese Voraussetzung vor, sind auch Aufwandsentschädigungen für mehrere ehrenamtliche Tätigkeiten, unabhängig von ihrer Höhe, unschädlich. Auch Amateur- und Vertragssportler fallen nicht unter den Arbeitnehmerbegriff, wenn ihre ehrenamtliche sportliche Betätigung und nicht die finanzielle Gegenleistung für ihre Tätigkeit im Vordergrund stehen." (Beschlussempfehlung und Bericht des Ausschusses für Arbeit und Soziales, BT-Drucksache 18/2010 vom 2. Juli 2014)

Nach allgemeiner Meinung haben damit auch Minijobber keinen Anspruch auf den Mindestlohn, wenn eine ehrenamtliche Tätigkeit im Sinne dieses Beschlusses vorliegt. Angesichts der bisher üblichen Abgrenzung zwischen Arbeit und Ehrenamt ist das schwer nachzuvollziehen. Jemand, der seinen Mindestlohn einklagt, würde doch zeigen, dass er „in der Erwartung einer adäquaten finanziellen Gegenleistung" tätig ist. Gänzlich unvereinbar ist dies mit der Rechtsprechung des Bundesgerichtshofs zur beruflichen Tätigkeit und damit dem Verlust des privaten Haftpflichtversicherungsschutzes.

HAFTUNG DER EHRENAMTLICHEN

Ein Ehrenamtlicher, der im Rahmen seiner ehrenamtlichen Tätigkeit einem Dritten einen Schaden zufügt (zum Beispiel eine Vase beim Hausbesuch zerstört), haftet für jede Form der Fahrlässigkeit oder für Vorsatz. Das bedeutet, dass auch bei einer kleinen Unachtsamkeit eine Haftung besteht. Das ist wie im „normalen Leben". Die ganz überwiegende Mehrzahl aller Menschen in Deutschland ist haftpflichtversichert. Solange Dritte nicht vorsätzlich geschädigt werden, greift in der Regel die Haftpflichtversicherung des Ehrenamtlichen (soweit eine solche besteht). Hier sollte der Ehrenamtliche darauf achten, dass in seinem Haftpflichtversicherungsvertrag kein Ausschluss für normale ehrenamtliche Tätigkeit enthalten ist. Das ist leider in einigen Verträgen der Fall. Im Zweifelsfall sollte sich der Ehrenamtliche bei seiner Versicherung erkundigen. Die Haftpflichtversicherung ist jedoch regelmäßig ausgeschlossen, wenn es sich um berufliche Tätigkeit (auch in Form eines Minijobs) oder um Vorstandstätigkeit (auch „Organtätigkeit" genannt) handelt.

Hier zeigt sich die besondere Bedeutung der Abgrenzung zwischen Ehrenamt und Erwerbsarbeit. Denn die Privathaftpflichtversicherung deckt nur die üblichen Gefahren „des täglichen Lebens", mit Ausnahme der Gefahr eines Betriebs, Berufs, Dienstes, Amts (auch Ehrenamts), einer verantwortlichen Betätigung für Vereinigungen aller Art oder einer ungewöhnlichen oder gefährlichen Beschäftigung ab. Wer also die Grenzen des Ehrenamts überschreitet und quasi als Arbeitnehmer tätig ist, genießt dabei nicht den Schutz seiner Privathaftpflichtversicherung.

Das Beispiel ist einem Fall nachgebildet, zu dem das OLG Hamm einen Beschluss am 3. August 2011 (Az.: I 20 W 18/11) fällte. Ein Rentner führt auf dem Dach der Vereinshalle mit einem Bunsenbrenner Schweißarbeiten aus, in deren Verlauf das Dach Feuer fängt. Dadurch entsteht ein Zeitwertschaden von rund 240.000 Euro. Nachdem die Gebäudeversicherung den Schaden reguliert hat, versucht sie, beim Rentner Regress zu nehmen. Dieser wehrt sich gegen den Anspruch und verlangt von seiner privaten Haftpflichtversicherung Freistellung von der Haftung.

Das OLG Hamm führt dazu wörtlich aus: „Allerdings hat der BGH (a.a.O.) zugleich entschieden, dass die Grenzen privater Freizeitbeschäftigung überschritten werden, wo sie über eine längere Zeit hinweg planmäßig und mit einer gewissen Regelmäßigkeit ausgeübt werden. Dies ist hier der Fall, weil der Antragsteller seiner Tätigkeit als Hausmeister eine längere Zeit, nämlich zehn Jahre, und mit Regelmäßigkeit, was seine monatlich erstellten Abrechnungen und seine Anmeldung bei der Berufsgenossenschaft belegen, nachgegangen ist. Damit ist der Bereich bloßer Freizeitbeschäftigung überschritten worden und der Antragsteller (der tätige Rentner) ist im Rahmen eines Berufs tätig geworden. Damit kann der Antragsteller keine Deckung aus der Privathaftpflichtversicherung verlangen."

Soweit der Ehrenamtliche im Rahmen der Vereinsarbeit tätig wird, erfolgt die Unterstützung Dritter zum Beispiel in der Nachbarschaftshilfe meist unentgeltlich. Wenn dabei einem Dritten einen Schaden zufügt wird, stellt sich die Frage, ob in solchen Fällen überhaupt eine Haftung entsteht oder ob die Unentgeltlichkeit nicht zu einem (stillschweigenden) Haftungsausschluss führt.

Das Beispiel ist einem Fall nachgebildet, zu dem das OLG Koblenz am 2. April 2014 ein Urteil fällte (Az.: 5 U 311/12). Ein Elektriker wird von der Vermieterin und seiner Nachbarin gebeten, eine Lampe zu montieren. Dies erledigt er ohne Entgelt. Dabei macht er jedoch einen Fehler, sodass ein anderer Handwerker einen Stromschlag erleidet, durch den dieser zum Pflegefall wird. Der geltend gemachte Schadenersatz belief sich auf mehrere Hunderttausend Euro zuzüglich einer lebenslangen Rente. Das Gericht stellt dazu fest, allein die Tatsache, dass der Elektriker aus bloßer Gefälligkeit tätig war, führe nicht dazu, dass er nicht haftet. Entscheidend ist die Vorstellung des Leistungsempfängers. Dabei „darf nicht außer Betracht bleiben, ob der Leistende für die Folgen eines schadenstiftenden Fehlers haftpflichtversichert ist".

Die Konsequenz aus dem Beispiel lautet, dass allein die Unentgeltlichkeit einer Leistung nicht von der Haftung befreit. Natürlich kann man auch ausdrücklich eine Haftung für solche Leistungen ausschließen. Dann sollte dies aus Beweisgründen schriftlich erfolgen. Unterbleibt ein ausdrücklicher Haftungsausschluss, kommt es auf die Umstände des Einzelfalls an. Erfreulich für die Helfer ist, dass eine Haftung unwahrscheinlicher ist, wenn sie (ohne Versicherung) selbst für einen solchen Schaden aufkommen müssten.

So gravierend diese Entscheidungen auf den ersten Blick für Ehrenamtliche aussehen, so sollten sie nicht zu voreiligen Schlüssen führen. Zunächst ist bei ehrenamtlicher Tätigkeit auf die genaue Abgrenzung zur beruflichen Tätigkeit zu achten. Auch bei längerfristig ausgeübter Tätigkeit kann durch Wahrung des Freizeitcharakters (und der Freiwilligkeit) der Eindruck eines Berufs vermieden werden. Ferner betont dies die Notwendigkeit einer Haftpflichtversicherung für den Verein und die Notwendigkeit einer privaten Haftpflichtversicherung, in der ehrenamtliche Tätigkeiten mitversichert sind.

Letztlich ist zu beachten, dass beide zuvor dargestellten Entscheidungen vor Einführung der Haftungsbeschränkung des § 31b BGB (siehe im Anhang) getroffen wurden. Wie bei den Vorständen ist eine Haftung des Vereinsmitglieds auf grob fahrlässiges und vorsätzliches Handeln beschränkt, wenn dieses nicht mehr als 720 Euro pro Jahr erhält und bei der Erfüllung einer übertragenen satzungsgemäßen Aufgabe einen Schaden verursacht. Bei Innenhaftung – also wenn der Verein dabei einen Schaden erleidet – entfällt die Haftung. Bei der Außenhaftung – also wenn ein Dritter außerhalb des Vereins einen Schaden erleidet – hat das Vereinsmitglied einen Anspruch gegen den Verein, von der Haftung freigestellt zu werden.

STEUERPFLICHT DER EHRENAMTLICHEN

„Das mache ich ehrenamtlich", so oder so ähnlich beschreiben häufig Menschen eine Tätigkeit, für die sie keine oder keine marktgerechte Bezahlung erhalten. Oft wird unterstellt, dass bürgerschaftliches Engagement immer ohne jegliche Bezahlung erfolgt. Dies ist jedoch nicht in jedem Fall zutreffend. Wie zum Beispiel die Regeln zur Entschädigung von Schöffen oder kommunalen Mandatsträgern zeigen, können durchaus Zahlungen an ehrenamtlich Tätige vorgesehen sein. Es stellt sich die Frage, wie diese Zahlungen steuerlich zu behandeln sind. Hier geht es nicht darum, wie Zahlungen an Ehrenamtliche im Verein zu behandeln sind, sondern darum, ob die Ehrenamtlichen die erhaltenen Beträge versteuern müssen.

> Für die richtige steuerliche Behandlung von Zahlungen an Ehrenamtliche ist zunächst immer derjenige verantwortlich, der die Zahlung erhält. Selbst wenn völlig eindeutig zu sein scheint, dass eine Zahlung steuerfrei ist, befreit dies nicht von der Pflicht zur Steuererklärung auch hinsichtlich dieser Beträge. Alle Zahlungen, die der Ehrenamtliche erhält, sind in einer Steuererklärung im Zweifel als „Sonstige Einkünfte" anzugeben.

Bei der Steuerpflicht des Ehrenamtlichen ist zunächst zu klären, ob Leistungen an den Betroffenen in Geld oder Geldwert der Einkommensteuer unterliegen.

EINKOMMENSTEUER

Grundsätzlich können alle Leistungen an ehrenamtlich Tätige in Geld oder Geldwert der Einkommensteuer unterliegen. Das Einkommensteuergesetz benennt aber einige Arten von Zahlungen, die nicht als Einkommen bewertet werden und die damit nicht zum zu versteuernden Einkommen gehören. Hinsichtlich aller übrigen Einnahmen (also derjenigen, die als Einkommen im Sinne des Einkommensteuergesetzes bezeichnet werden) ist entscheidend, ob mit der Tätigkeit die Erzielung positiver Einkünfte erstrebt wird. Maßstab ist damit die sogenannte Einkunftserzielungsabsicht. Das bedeutet: Einnahmen sind dann steuerpflichtig, wenn der Empfänger anstrebte, einen Überschuss aller Einnahmen über die Ausgaben zu erzielen. Es ist nicht entscheidend, ob der ehrenamtlich Tätige gleichzeitig auf einen Teil möglicher Einnahmen verzichtet. Auch eine gelernte Pflegerin, die in der Nachbarschaftshilfe für eine Aufwandsentschädigung von 3 Euro pro Stunde ältere Menschen unterstützt, erzielt Einnahmen.

Es wird anhand von objektiven Kriterien geprüft, ob eine Einkunftserzielungsabsicht vorlag. Entscheidend ist damit nicht, was der Einzelne innerlich will, sondern was äußerlich feststellbar ist. Eine Einkunftserzielungsabsicht wird unterstellt, wenn die Einnahmen in Geld oder Geldwert die abziehbaren Ausgaben übersteigen. Dabei werden alle Einnahmen berücksichtigt, unabhängig davon wie sie bezeichnet werden, zum Beispiel Aufwandsentschädigungen, Spesen, Verdienstausfall usw. Zunächst betrachten wir, welche Zahlungen an den ehrenamtlich Tätigen nicht als Einnahmen im Sinne des Einkommensteuergesetzes eingeordnet werden.

STEUERBEFREIUNG FÜR REISEKOSTEN-ERSTATTUNGEN

Gemäß § 3 Nr. 13 EStG sind gezahlte Reisekostenvergütungen aus öffentlichen Kassen steuerfrei, sofern sie nach reisekostenrechtlichen Vorschriften des Bundes oder der Länder gezahlt werden. Gleiches gilt gemäß § 3 Nr. 16 EStG, wenn sie nicht aus öffentlichen Kassen gezahlt werden. Dies bedeutet, dass auch die Reisekostenerstattungen von Wohlfahrtsverbänden oder gemeinnützigen Vereinen steuerfrei sind, sofern die im Folgenden genannten Grenzen eingehalten werden.

Diese Steuerbefreiung erfasst alle für eine auswärtige Tätigkeit gezahlten Beträge wie Fahrtkosten, Übernachtungskosten, Verpflegungsmehraufwendungen und sonstige mit der Reise in Verbindung stehende Kosten. Die Steuerfreiheit setzt voraus, dass nur die tatsächlich entstandenen Kosten ersetzt werden. Es ist jedoch möglich, dass pauschale Kilometersätze gezahlt werden, wenn die gefahrenen Kilometer konkret dargelegt werden.

Tipp
Wer für Reisekosten pauschale Kilometersätze erhält, sollte die für die ehrenamtliche Tätigkeit zurückgelegten Kilometer notieren, damit er belegen kann, dass es sich um eine steuerfreie Reisekostenerstattung handelt.

Eine Erstattung von Reisekosten mit pauschalen Kilometersätzen darf nicht verwechselt werden mit einer Pauschale für Reisekosten. Die Steuerfreiheit greift nur im ersten Fall und der setzt voraus, dass die tatsächlich zurückgelegten Kilometer abgegolten werden.

Die steuerlich akzeptierten pauschalen Kilometersätze betragen:

- Kraftwagen 0,30 Euro je gefahrenen Kilometer
- Motorrad 0,13 Euro je gefahrenen Kilometer
- Mofa 0,08 Euro je gefahrenen Kilometer
- Fahrrad 0,05 Euro je gefahrenen Kilometer

Sicherheitshalber noch einmal zur Klarstellung: Natürlich können alle tatsächlich im Zusammenhang entstandenen Fahrtkosten, ob für einen Flug, die Nutzung der Bahn oder des öffentlichen Personennahverkehrs sowie von Taxen steuerfrei ersetzt werden. Die Ausführungen oben betreffen nur Formen der Pauschalierung, bei der nicht konkret entstandene und nachgewiesene Kosten erstattet werden.

Bei längerer Abwesenheit von zu Hause entstehen höhere Kosten für die Verpflegung und Versorgung. Dies kann als sogenannter Verpflegungsmehraufwand ersetzt werden. Entsprechende Pauschalen sind in § 9 Abs. 4a Nr. 1 und 3 EStG festgelegt. Danach gelten folgende Sätze für den Verpflegungsmehraufwand:

- bei Abwesenheit von 24 Stunden steuerfrei 24 Euro
- bei Abwesenheit von weniger als 24 Stunden, jedoch mindestens 8 Stunden steuerfrei 12 Euro

Bei einem kostenlosen Frühstück sind die Pauschalen um 20 Prozent und bei einem entsprechenden Mittag- oder Abendessen jeweils um 40 Prozent zu kürzen.

Übernachtungskosten können entweder in der entstehenden Höhe gegen Einzelnachweis steuerfrei erstattet oder pauschal in Höhe von 20 Euro steuerfrei abgegolten werden. Im Ausland gelten deutlich höhere Pauschalen für den Verpflegungsmehraufwand und pauschale Hotelkosten in Abhängigkeit vom jeweiligen Land.

Begrenzt ist die Steuerfreiheit durch die Höhe der Werbungskosten bzw. Betriebsausgaben, welche geltend gemacht werden könnten. Da die reisekostenrechtlichen Vorschriften des Bundes oder der Länder normalerweise keine höheren Erstattungen gewähren, kommt diese Begrenzung in der Regel nicht zum Tragen.

Die Steuerfreiheit der Reisekostenerstattung kann neben anderen Steuerbefreiungen (siehe hierzu die Abschnitte zur Übungsleiter- oder Ehrenamtspauschale) geltend gemacht werden.

STEUERBEFREIUNG DES AUSLAGENERSATZES

Legt der ehrenamtlich Tätige für seinen Träger Geld aus, zum Beispiel für Büromaterial, können die Auslagen gemäß § 3 Nr. 50 EStG ersetzt werden. Eine Pauschalierung ist jedoch nicht möglich. Zulässig ist allerdings die vorherige Zahlung, um sie für bestimmte im Interesse des Trägers liegende Zwecke auszugeben (durchlaufende Gelder).

Der pensionierte Buchhalter B. und der im Vorruhestand befindliche Werbetexter W. geben als ehrenamtliche Mitarbeiter eines gemeinnützigen Vereins Kurse für Existenzgründer, B. für Buchhaltung und W. für Marketing. Beide verbrauchen bei der Vorbereitung der Fortbildungen diverses Büromaterial. B. legt für alle verwendeten Materialien Einzelbelege vor. W. ist das zu aufwendig und er schlägt vor, dass er immer so viel bekommt wie B. Sofern der Verein sich darauf einlässt, ist die Zahlung an B. steuerfrei. Die Zahlungen an W. sind für diesen steuerpflichtige Einnahmen.

STEUERBEFREIUNG FÜR AUFWANDSENTSCHÄDIGUNGEN AUS ÖFFENTLICHEN KASSEN UND FÜR KOMMUNALE MANDATSTRÄGER

Auch wenn in diesem Buch das Ehrenamt im Verein im Vordergrund steht, soll die Steuerbefreiung für Aufwandsentschädigungen aus öffentlichen Kassen und für kommunale Mandatsträger hier kurz erläutert werden. Im Gegensatz zu dem zuvor erwähnten Auslagenersatz stellt eine Aufwandsentschädigung eine pauschalierte Zahlung für die Tätigkeit und nicht für entstandene Kosten dar. Gemäß § 3 Nr. 12 Satz 2 EStG sind Bezüge, die als Aufwandsentschädigungen aus öffentlichen Kassen an Personen, die öffentliche Dienste leisten, gezahlt werden, steuerfrei, sofern nicht festgestellt wird, dass sie den Aufwand, der dem Empfänger erwächst, offenbar übersteigen oder für Verdienstausfall oder Zeitverlust gewährt werden.

Hierunter fallen insbesondere Zahlungen an Mitglieder der freiwilligen Feuerwehren und an Mitglieder kommunaler Volksvertretungen. Die Steuerbefreiung gilt entsprechend bei Zahlungen an ehrenamtlich Tätige in Religionsgemeinschaften (zum Beispiel Lektoren und Prädikanten).

Nicht zum öffentlichen Dienst gehören von öffentlichen Trägern geführte gewerbliche Betriebe wie zum Beispiel Sparkassen, auch sofern sie in der Rechtsform von juristischen Personen des öffentlichen Rechts betrieben werden. Ebenso wenig gehören hierzu die Wohlfahrtsverbände, zum Beispiel Caritas, Diakonie, AWO, DRK und Paritätischer Wohlfahrtsverband.

Eine Voraussetzung für die Steuerfreiheit gemäß § 3 Nr. 12 Satz 2 EStG ist, dass der Aufwand, der dem Empfänger tatsächlich entstanden ist oder entsteht, nicht offensichtlich von der Aufwandsentschädigung überstiegen wird. Damit muss grundsätzlich in jedem Einzelfall das Verhältnis zwischen entstandenem Aufwand und gezahlter Entschädigung geprüft werden. Die Finanzverwaltung hat für diese Prüfung verschiedene Vereinfachungsregeln erlassen. Nach diesen wird ohne detaillierte Prüfung im Einzelfall unter bestimmten Bedingungen vermutet, dass eine Zahlung den Aufwand nicht übersteigt. Die Vereinfachungsregeln finden sich in den sogenannten Lohnsteuerrichtlinien (LStR). Entscheidend sind insbesondere die Vereinfachungsregeln nach R 3.12 Abs. 3 Satz 2 LStR und nach R 3.12 Abs. 3 Satz 3 LStR.

Tipp

Erhalten Sie aus öffentlichen Kassen eine Aufwandsentschädigung, so kann diese unter bestimmten Bedingungen bis zu einer Höhe von 2.400 Euro im Jahr steuerfrei sein. In diesem Fall sollten Sie die im Internet unter „Vereinfachungsregel R 3.12 LStR" leicht zu findende aktuelle Fassung dieser Regel lesen!

Für kommunale Mandatsträger haben die Finanzbehörden des Bundes und der Länder eine bundeseinheitliche weitere Vereinfachungsregelung getroffen. Die wird allgemein als sogenannter Ratsherrenerlass bezeichnet. Dort sind Freibeträge für eine Aufwandsentschädigung entsprechend der Einwohnerzahl der Gemeinde oder Stadt geregelt.

Entsprechend dem Ratsherrenerlass sind pauschale Entschädigungen und Sitzungsgelder steuerfrei, sofern sie insgesamt während der Dauer der Mitgliedschaft monatlich 256 Euro und jährlich 3.072 Euro nicht übersteigen. Beträge, die diese Grenzen übersteigen, sind nach dem Ratsherrenerlass möglich, aber dann zu versteuern.

Kommunalen Mandatsträgern sei die Lektüre des Ratsherrenerlasses dringend empfohlen!

DIE 256-EURO-REGEL

§ 22 Abs. 3 Einkommensteuergesetz regelt, dass sehr geringe Einkommen nicht zu einer Steuerpflicht führen. Hiernach sollen Einkünfte dann unberücksichtigt bleiben, wenn der gezahlte Aufwendungsersatz und die gegebenenfalls gezahlten Vergütungen zusammen die als Werbungskosten oder Betriebsausgaben entstandenen und abziehbaren Kosten um nicht mehr als 256 Euro jährlich übersteigen.

Die ehrenamtlich tätige Rentnerin erhält für ihre Kassenführung bei dem gemeinnützigen Verein jährlich einen Betrag von 500 Euro. Ihre jährlichen Aufwendungen für Büromaterial betragen 250 Euro. Der Überschuss von 250 Euro liegt unter dem Freibetrag. Damit wird unterstellt, dass keine Einkunftserzielungsabsicht vorliegt. Die Zahlung insgesamt wird dem nicht zu versteuernden Bereich zugeordnet und fällt nicht unter die steuerlichen Regeln.

Für die 256-Euro-Regel ist entscheidend, ob gezahlte Beträge die entstehenden und **berücksichtigungsfähigen bzw. absetzbaren** Kosten übersteigen. Hieraus folgt, dass die als Werbungskosten oder Betriebsausgaben steuerlich absetzbaren Beträge genauer betrachtet werden müssen.

WERBUNGSKOSTEN UND BETRIEBSAUSGABEN

Das Einkommensteuergesetz legt fest, welche Aufwendungen des ehrenamtlich Tätigen steuerlich berücksichtigt werden können. Aufwendungen mindern die zu versteuernden Einnahmen aus dem Ehrenamt.

Je nach vorliegender Einkunftsart können Aufwendungen als Werbungskosten gemäß § 9 Abs. 1 EStG oder als Betriebsausgaben gemäß § 4 Abs. 4 EStG geltend gemacht werden. Dies gilt selbstverständlich nur für die Aufwendungen, die nicht steuerfrei ersetzt werden. Beim Abzug von Werbungskosten oder Betriebsausgaben gelten die allgemeinen steuerlichen Vorschriften. Die umfassende Darstellung aller denkbaren Werbungskosten oder Betriebsausgaben würde einen eigenen steuerlichen Ratgeber benötigen. Im Folgenden konzentrieren wir uns daher auf eine Auswahl derjenigen Aufwendungen, die im Zusammenhang mit ehrenamtlicher Tätigkeit regelmäßig vorkommen können.

Fahrtkosten zwischen Wohnort und Einsatzstätte

Für Aufwendungen aufgrund von Fahrten zwischen der Wohnung und dem Ort der ehrenamtlichen Tätigkeit kann der bürgerschaftlich Engagierte wie ein Arbeitnehmer die sogenannte Entfernungspauschale für Fahrten zwischen Wohnung und Arbeitsstätte geltend machen. Gemäß § 9 Abs. 1 Nr. 4 EStG kann demnach ein Betrag von 0,30 Euro je Entfernungskilometer, das heißt 0,15 Euro je gefahrenem Kilometer, und zwar ab dem ersten Kilometer, geltend gemacht werden. Mit der Entfernungspauschale sind alle im Zusammenhang mit den Fahrten entstehenden Kosten wie Versicherung, Steuer, Reparatur, Treibstoff usw. abgedeckt. Dies gilt auch für gegebenenfalls auftretende Unfallkosten.

Reisekosten

Auch Reisekosten können – je nach Einkunftsart – als Werbungs- oder Betriebskosten geltend gemacht werden. Dies umfasst alle Kosten, die mit einer auswärtigen Tätigkeit in Verbindung stehen. Es können alle entstehenden und nachgewiesenen Kosten geltend gemacht werden. Die pauschale Geltendmachung, beispielsweise mit eigenem Fahrzeug gefahrene Kilometer, ist im Rahmen der oben dargelegten Grenzen möglich. Auch die Geltendmachung von Verpflegungsmehraufwand ist im Rahmen der §§ 4 Abs. 5 Nr. 5 in Verbindung mit 9 Absatz 4a EStG als Pauschalbeträge möglich.

Büromaterial und Telekommunikationskosten

Für die ehrenamtliche Tätigkeit entstandene Telekommunikationskosten (insbesondere Telefongebühren und Internet), Portokosten und verwendetes Büromaterial können mit Einzelnachweisen als Werbungskosten oder Betriebsausgaben geltend gemacht werden. Die Absetzung eines Pauschalbetrags ist jedoch nicht möglich.

Diese Regelung darf nicht verwechselt werden mit der Frage, ob der ehrenamtlich Tätige gegen den Träger einen Anspruch auf Ersatz der Kosten für das im Ehrenamt eingesetzte Büromaterial und der Telekommunikationskosten hat. Hier geht es allein um die Frage, ob entsprechende Kosten als Werbungskosten oder Betriebsausgaben geltend gemacht werden können. Sofern dies für nachgewiesene Kosten der Fall ist, mindern sie das zu versteuernde Einkommen.

Fortbildung und Informationsmaterial

Sowohl Kosten für Fortbildungsveranstaltungen als auch für Fachliteratur und Fachzeitschriften, die dem ehrenamtlich Tätigen entstehen, können als Werbungskosten oder Betriebsausgaben geltend gemacht werden, wenn sie der Erfüllung der ehrenamtlichen Tätigkeit dienen. Erforderlich ist jedoch, dass bei diesen nicht der allgemeinbildende Charakter oder die Persönlichkeitsentfaltung bzw. -entwicklung, sondern der Erwerb von Fertigkeiten zur Ausübung des Ehrenamts im Vordergrund steht.

Der Erwerb einer Tageszeitung mit Lokalteil ist für einen kommunalen Mandatsträger sicherlich wichtig. Dennoch dient dies aus steuerlicher Sicht nicht vorwiegend der Information zur Ausübung der Mandatstätigkeit. Der Bezug einer Fachzeitschrift zum Verwaltungsrecht könnte jedoch als Aufwand steuerlich geltend gemacht werden.

Versicherungsbeiträge

Beiträge zu einer Versicherung sind insoweit als Werbungs- oder Betriebskosten abzusetzen, als die Versicherung ein durch das Ehrenamt entstehendes Risiko abdeckt. Nicht berücksichtigungsfähig sind Beiträge zu solchen Versicherungen, die allgemeine Lebensrisiken abdecken. Damit wäre die Vermögensschadenhaftpflichtversicherung für den Kassenwart eines gemeinnützigen Vereins berücksichtigungsfähig, nicht hingegen die allgemeine Haftpflichtversicherung.

Die Abzugsfähigkeit von Spenden bzw. Aufwandsspenden wird ab Seite 151 gesondert behandelt.

EINKUNFTSARTEN

Steht fest, dass der ehrenamtlich Tätige in der Absicht handelt, Einkünfte zu erzielen, stellt sich die Frage, welcher Einkunftsart das jeweilige Einkommen zuzuordnen ist. Grundsätzlich kommen alle sieben Einkunftsarten des Einkommensteuergesetzes in Betracht. Sofern der ehrenamtlich Engagierte Arbeitsleistungen für einen Träger erbringt, ist vor allem entscheidend, ob dies einer Arbeitnehmertätigkeit oder einer selbstständigen Tätigkeit zuzuordnen ist.

Wesentlich ist diese Unterscheidung zum einen für den Umstand, ob ein Lohnsteuerabzug erfolgen muss, was sich gegebenenfalls auch auf die Sozialversicherungspflicht auswirkt. Zum anderen ist mit dieser Unterscheidung verbunden, ob ein Werbungskostenpauschalbetrag abgezogen werden kann. Darüber hinaus kann aus der Beantwortung der Frage auch die Prüfung resultieren, ob eine Gewerbesteuer- oder Umsatzsteuerpflicht besteht.

Entscheidend ist in jedem Einzelfall das Merkmal der Selbstständigkeit. Die Zuordnung ist leider nicht immer einfach. Je stärker vom Träger der Maßnahme/der Einsatzstelle auf Art und Inhalt der Tätigkeit Einfluss genommen wird, umso näher liegt ein Arbeitsverhältnis. Ein weiteres Indiz ist der Umstand, ob nur die geleisteten Stunden vergütet werden und ob ein Lohnfortzahlungsanspruch im Krankheitsfall besteht. Werden nur geleistete Stunden vergütet und besteht kein Anspruch auf Lohnfortzahlung im Krankheitsfall, so spricht dies deutlich für eine selbstständige Tätigkeit.

Tipp

Sofern die ehrenamtliche Tätigkeit als nicht selbstständige Arbeit eingeordnet wird, kann auch eine Werbungskostenpauschale gemäß § 9a EStG in Höhe von 1.000 Euro jährlich geltend gemacht werden.

Die Finanzämter gehen in folgenden Fällen in der Regel von einer selbstständigen Tätigkeit aus, wenn sie nicht mehr als sechs Stunden wöchentlich ausgeübt wird:

- bei einer nebenberuflichen Tätigkeit als Übungsleiter, Ausbilder, Erzieher, Betreuer oder vergleichbarer nebenberuflicher Tätigkeit,
- bei nebenberuflicher künstlerischer Tätigkeit,
- bei nebenberuflicher Pflege alter, kranker oder behinderter Menschen.

Dennoch muss immer der Einzelfall angesehen werden.

Wird eine Arbeitnehmertätigkeit angenommen, kann auch eine Sozialversicherungspflicht bestehen.

Zur Verdeutlichung einige Beispiele der Zuordnung von Einkommen aus ehrenamtlicher Tätigkeit:

- **Chorleiter oder Dirigenten** von Kirchengemeinden sind in der Regel selbstständig tätig.
- **Vorstandsmitglieder von Vereinen** können selbstständig oder nicht selbstständig tätig sein. Dies hängt von dem Umfang und der Art ihrer Tätigkeit ab.
- **Kommunale Mandatsträger** erzielen Einkünfte aus selbstständiger Tätigkeit.
- **Ehrenamtlich tätige rechtliche Betreuer** gemäß § 1835a BGB sind nicht als Arbeitnehmer tätig. Sogenannte Berufsbetreuer, die eine Vielzahl von Betreuungen übernehmen, erzielen Einkünfte aus selbstständiger Tätigkeit. Ehrenamtliche Betreuer, die nur eine oder allenfalls wenige Betreuung übernehmen, erzielen „Sonstige Einkünfte“ im Sinne des § 22 Nr. 3 EStG.

- Einkünfte für die Tätigkeit eines **Vorstandsmitglieds einer Berufsgenossenschaft**, als **Präsident einer Handwerkskammer** oder einer sonstigen berufsständigen Vereinigung werden dem Hauptberuf zugerechnet. In der Regel sind damit Einkünfte aus Gewerbebetrieb gegeben.
- **Ehrenamtliche Bürgermeister** können selbstständig oder nicht selbstständig tätig sein. Dies ist davon abhängig, in welchem Umfang sie beispielsweise an Vorgaben des Gemeinderats gebunden sind. Damit hängt es letztlich von der Gemeindeordnung des jeweiligen Landes ab, wie diese Tätigkeit zuzuordnen ist.
- **Amateursportler**, die für Einsätze, Wettkämpfe oder Spiele Vergütungen erhalten, sind in aller Regel selbstständig tätig.
- **Ehrenamtliche Richter und Schöffen** erzielen kein Einkommen aus Arbeitnehmertätigkeit.
- **Ehrenamtliche Betreuer** von Kindern und Jugendlichen auf Ferienfreizeiten sind in der Regel Arbeitnehmer.
- Nach einem Erlass des Niedersächsischen Finanzministeriums wird bei **Kreisbrandmeistern** der freiwilligen Feuerwehr Einkommen aus Arbeitnehmertätigkeit angenommen.

Wie Sie sehen, ist die Zuordnung einer ehrenamtlichen Tätigkeit zur selbstständigen oder nicht selbstständigen Tätigkeit sehr kompliziert und leider auch unübersichtlich. Gerade mit Blick auf die Frage, ob eine Lohnsteuerpflicht vorliegt, ist sie andererseits aber sehr wichtig. Deshalb gibt es einen Weg, eine rechtsverbindliche Klärung herbeizuführen: Gemäß § 42e EStG hat das sogenannte Betriebsstättenfinanzamt auf Anfrage eines Beteiligten darüber Auskunft zu geben, ob und inwieweit im einzelnen Fall die Vorschriften über die Lohnsteuer anzuwenden sind. Gemäß der dazugehörigen Einkommensteuerrichtlinie R 42e LStR haben sowohl der Arbeitgeber als auch der Arbeitnehmer einen Anspruch auf eine gebührenfreie Auskunft. Bei einer Anfrage soll die Auskunft des Finanzamts unter ausdrücklichem Hinweis auf § 42e EStG schriftlich erteilt werden, auch wenn der Betroffene die Auskunft nur formlos erbeten hat. Hierdurch können Sie hinsichtlich der schwierigen Zuordnung Rechtssicherheit erlangen.

EINKOMMEN

Wie bereits dargelegt, unterliegen Leistungen in Geld oder Geldwert nur dann der Einkommensteuer, wenn der gezahlte Betrag die anfallenden und als Werbungskosten bzw. Betriebsausgaben abzugsfähigen Aufwendungen um mehr als 256 Euro jährlich übersteigt. Anderenfalls entfällt nach der 256-Euro-Regel die Besteuerung. Dies bedeutet aber auch, dass der Steuerpflichtige aus seiner ehrenamtlichen Tätigkeit keinen „Verlust" geltend machen kann. Übersteigen die Aufwendungen den an den ehrenamtlich Tätigen gezahlten Geldwert, so liegt keine Einkunftserzielungsabsicht vor.

Tipp

Eine Übertragung des Verlustes aus nicht ersetzten Werbungskosten bzw. Betriebsausgaben ist nicht möglich. Insbesondere kann ein derartiger Verlust nicht auf „Erwerbseinkommen" übertragen werden. Gegebenenfalls sollten Sie prüfen, ob Sie diese Beträge als Spenden geltend machen können (siehe hierzu Seite 151). In jedem Fall muss aber eine entsprechende Spendenbescheinigung vorgelegt werden.

Übersteigt der an den ehrenamtlich Tätigen in Geld oder als Geldwert gezahlte Betrag in einem Kalenderjahr den Betrag von 256 Euro, unterliegen diese Beträge grundsätzlich der Einkommensteuer. Zur Förderung des bürgerschaftlichen Engagements sind jedoch bestimmte Beträge steuerbefreit. Zuletzt rückwirkend zum 1. Januar 2013 wurde die Art der steuerbefreiten Beträge erweitert und die Grenze der steuerbefreiten Beträge erhöht.

STEUERBEFREIUNG DER SOGENANNTEN ÜBUNGSLEITERPAUSCHALE

Die wichtigste Steuerbefreiung im Bereich der ehrenamtlichen Tätigkeit ist geregelt in § 3 Nr. 26 EStG. Dabei handelt es sich um Einnahmen aus der sogenannten Übungsleiterpauschale bis zu einem Betrag von 2.400 Euro pro Jahr. Diese Steuerbefreiung umfasst alle **Einnahmen**. Steuerbefreit sind damit nicht nur gezahlte Aufwandsentschädigungen, sondern jede Form der Entlohnung in Geld oder Geldwerten. Es ist egal, wie die Einnahmen bezeichnet werden oder einzuordnen sind.

Die Voraussetzungen für die Steuerfreiheit sind:

- Es muss sich um eine nebenberufliche Tätigkeit handeln.
- Erfasst sind Tätigkeiten als Übungsleiter, Ausbilder, Erzieher, Betreuer oder vergleichbarer nebenberuflicher Tätigkeit, aus nebenberuflicher künstlerischer Tätigkeit oder aus nebenberuflicher Pflege alter, kranker oder behinderter Menschen.
- Diese Tätigkeit muss im Dienst oder im Auftrag einer inländischen juristischen Person des öffentlichen Rechts oder einer gemeinnützigen Körperschaft erfolgen.
- Zweck der Tätigkeit muss die Förderung gemeinnütziger, mildtätiger oder kirchlicher Zwecke sein.

Diese Voraussetzungen müssen **alle** vorliegen, damit die Steuerfreiheit gewährt werden kann. Schauen wir uns die Voraussetzungen im Einzelnen an.

Nebenberufliche Tätigkeit

Um eine nebenberufliche Tätigkeit im Sinne des § 3 Nr. 26 EStG handelt es sich, wenn der zeitliche Umfang durchschnittlich nicht mehr als ein Drittel einer voller Erwerbstätigkeit ausmacht. Ferner darf die Nebentätigkeit nicht einem ausgeübten Hauptberuf zugeordnet sein. Eine solche Zuordnung wird unterstellt, wenn der ehrenamtlich Tätige aufgrund der

Haupttätigkeit zur Übernahme der Nebentätigkeit rechtlich oder faktisch verpflichtet ist. Ferner wird eine Zuordnung zum Hauptberuf unterstellt, wenn die Nebentätigkeit unter gleichen oder ähnlichen organisatorischen Rahmenbedingungen ausgeübt wird. Hierfür ist es jedoch nicht ausreichend, wenn der ehrenamtlich Tätige für den selben Arbeitgeber tätig ist.

Hausmeister H. ist in einem abhängigen Beschäftigungsverhältnis bei einem Sportverein beschäftigt. Darüber hinaus ist er im Rahmen einer ehrenamtlichen Tätigkeit als Trainer der Jugendmannschaft tätig. Eine faktische oder rechtliche Verpflichtung zur Übernahme der Trainertätigkeit besteht nicht. In diesem Fall würde die Trainertätigkeit als nebenberufliche Tätigkeit im Sinne des § 3 Nr. 26 EStG bezeichnet.

Beachten Sie, dass mehrere gleichartige Tätigkeiten zusammengerechnet werden.

Übungsleitertätigkeit und Ähnliches

Die Steuerbefreiung nach § 3 Nr. 26 EStG erfordert eine Tätigkeit als Übungsleiter, Ausbilder, Erzieher, Betreuer oder eine vergleichbare nebenberufliche Tätigkeit. Gemeinsam ist diesen Tätigkeiten eine pädagogische Ausrichtung. Erforderlich ist ein persönlicher Kontakt zu anderen Personen, auf die Einfluss genommen wird, um hierdurch deren geistige oder körperliche Fähigkeiten zu entwickeln und zu fördern. Ausbilder im Sinne dieser Vorschrift ist derjenige, der auf die Entwicklung geistiger oder körperlicher Fertigkeiten anderer Menschen durch Ausbildung vorhandener Anlagen einwirkt. Dies erfasst sowohl die Fort- und Weiterbildung als auch die Berufsausbildung. Nicht erfasst ist jedoch eine rein unterstützende oder beratende Tätigkeit.

Betreuer ist derjenige, der durch direkten, pädagogisch ausgerichteten persönlichen Kontakt auf die von ihm betreute Person einwirkt. Nicht verwechselt werden darf dies mit einer Betreuung im Sinne des Betreuungsrechts. Zwar tritt bei der Betreuung im Sinne des § 3 Nr. 26 EStG der Aspekt der Wissensvermittlung gegenüber den genannten Tätigkeiten zurück. Andererseits ist für eine Betreuung in diesem Sinne nach wie vor ein persönlicher und direkter Kontakt zwischen dem Betreuer und dem Betreuten erforderlich. Dies ist zum Beispiel bei der reinen rechtlichen Betreuung im Sinne des Betreuungsrechts nicht unbedingt nötig.

Bei Mitgliedern der freiwilligen Feuerwehren stellt sich die Frage, ob deren Tätigkeit auch als Ausbildungstätigkeit im Sinne des § 3 Nr. 26 EStG einzuordnen ist. Die meisten Bundesländer haben in Abhängigkeit von der jeweils ausgeübten Position einen Prozentsatz bestimmt, in dem die ehrenamtlich tätigen Feuerwehrmitglieder eine begünstigte Tätigkeit nach § 3 Nr. 26 EStG ausüben. Die Aufteilung kann ein Feuerwehrmann am leichtesten bei seiner Feuerwehr erfragen. Die Prozentsätze werden ohne weitere Prüfung unterstellt. Dem Steuerpflichtigen bleibt es unbenommen, einen günstigeren Aufteilungsschlüssel zwischen steuerbegünstigter Ausbildungstätigkeit und sonstiger Tätigkeit nachzuweisen oder glaubhaft zu machen. Nach den Annahmen der Finanzbehörden ist ein Kreisbrandmeister oder Kreisfunkwart zu 60 Prozent in der Ausbildung tätig. Bei einem Kreissicherheitsbeauftragten wird 100 Prozent Ausbildungstätigkeit unterstellt.

Entsprechend diesem Schlüssel ist eine Aufwandsentschädigung aufzuteilen. Die Steuerbefreiungen sind in der für den Steuerpflichtigen günstigsten Reihenfolge anzuwenden.

Künstlerische Tätigkeiten

Auch bei der steuerbefreiten künstlerischen Tätigkeit im Sinne des § 3 Nr. 26 EStG ist zunächst erforderlich, dass diese nebenberuflich erfolgt. Ferner setzt die künstlerische Tätigkeit eine eigenschöpferische Leistung voraus, in der individuelle Anschauungsweise und Gestaltungskraft zum Ausdruck kommen und die über die hinreichende Beherrschung der Technik hinaus eine gewisse Gestaltungshöhe erreicht. Überspannte Anforderungen an das Niveau der künstlerischen Tätigkeit dürften allerdings nicht gestellt werden. Denn zum einen handelt es sich nicht um einen objektiv wirklich messbaren Sachverhalt. Zum anderen entsprechen sie nicht dem Gesetzeswortlaut. So dürfte neben dem Kirchenchor sicher auch der Hobbyclown auf einem Sportfest die Anforderung einer künstlerischen Tätigkeit erfüllen.

Pflege alter, kranker oder behinderter Menschen

Gerade mit Blick auf die nebenberufliche Pflege alter, kranker oder behinderter Menschen muss zunächst überlegt werden, ob Zuwendungen in diesem Bereich überhaupt Erwerbseinnahmen im Sinne des Einkommensteuerrechts sind. Auch die Finanzgerichte gehen davon aus, dass Einnahmen im Rahmen einer familiären Lebensgemeinschaft nicht der Einkommensteuer unterliegen, selbst wenn es sich um leistungsabhängige Zahlungen handelt.

Kennzeichnend für derartige Verhältnisse ist der fehlende rechtsgeschäftliche Hintergrund. Typisch für entsprechende Leistungen ist ein soziales bzw. familiäres Näheverhältnis zwischen den Beteiligten. Sofern das Pflegegeld insgesamt weitergeleitet wird, muss zwar Einkunftserzielungsabsicht unterstellt werden. Diese Einnahmen sind jedoch gemäß § 3 Nr. 36 EStG bis zur Höhe des Pflegegelds steuerfrei. Die Steuerbefreiung nach § 3 Nr. 26 EStG greift jedoch dann, wenn es sich um einen grundsätzlich der Einkommensteuer unterliegenden Sachverhalt handelt. Voraussetzung für eine Steuerbefreiung ist dann, dass eine Pflegetätigkeit stattfindet. Dies ist die Hilfestellung bei den Verrichtungen des täglichen Lebens, das heißt Grund- und Behandlungspflege, Unterstützung bei häuslichen Verrichtungen sowie menschliche Zuwendung insbesondere durch Unterhaltung. Begünstigt sind neben der nebenberuflichen Dauerpflege auch nebenberufliche Hilfsdienste. Voraussetzung ist jedoch zwingend ein persönlicher Kontakt zwischen der zu pflegenden Person und dem Pfleger.

Die Anlieferung von „Essen auf Rädern" fällt mangels persönlichen Kontakts zu der pflegenden Person nicht unter diese Definition, die Zubereitung eines Essens in der Wohnung des Gepflegten aber sehr wohl.

Die Geschäftsführertätigkeit bei einer gemeinnützig anerkannten Stiftung, die sich der Pflege widmet, fällt nicht unter diese Steuerbefreiung.

Insgesamt werden die Tätigkeiten, die eine Steuerbefreiung nach § 3 Nr. 26 EStG als sogenannte Übungsleiterpauschale erlangen können, eher eng als weit ausgelegt. Dem liegt zugrunde, dass man eine steuerliche Ungleichbehandlung und damit gegebenenfalls eine Verfassungswidrigkeit vermeiden will. Für denjenigen, der als Hausmeister in einer Versicherungsgesellschaft arbeitet, dürfte es schwer nachvollziehbar sein, warum dieselbe Tätigkeit seines Kollegen bei einem Sportverein dazu führen soll, dass dieser weniger Einkommensteuer zahlt.

Öffentlicher oder gemeinnütziger Träger

Die Steuerfreiheit als Übungsleiterpauschale setzt neben der oben genannten Tätigkeit voraus, dass diese im Dienste oder im Auftrage einer inländischen juristischen Person des öffentlichen Rechts (das sind zum Beispiel Bund, Länder, Kommunen und bestimmte Religionsgemeinschaften) oder einer gemeinnützigen Körperschaft (das sind zum Beispiel Wohlfahrtsverbände oder als gemeinnützig anerkannte Vereine) erbracht wird. Nicht begünstigt sind damit Tätigkeiten bei politischen Parteien, Gewerkschaften oder in der Privatwirtschaft.

Förderung gemeinnütziger, mildtätiger oder kirchlicher Zwecke

Die für die Steuerfreiheit ebenfalls geforderte Förderung gemeinnütziger, mildtätiger oder kirchlicher Zwecke setzt nicht voraus, dass alle Tätigkeiten der Allgemeinheit zugutekommen bzw. ihr offen stehen. So kann auch die Fortbildung Einzelner, zum Beispiel bei der freiwilligen Feuerwehr, im Interesse der Allgemeinheit liegen.

Bei der Steuerbefreiung gemäß § 3 Nr. 26 EStG handelt es sich um einen Jahressteuerfreibetrag. Er wird selbst dann nur einmal gewährt, wenn eine Zahlung für eine im vorangegangenen Kalenderjahr ausgeübte ehrenamtliche Tätigkeit gezahlt wird. Andererseits erfolgt keine anteilige Kürzung, wenn nur während eines Teils des Jahres eine ehrenamtliche Tätigkeit ausgeübt wird. In diesem Fall kann der gesamte Jahresfreibetrag in Höhe von 2.400 Euro geltend gemacht werden.

Übungsleiterpauschale und Werbungskosten

Sofern die Steuerbefreiung für die sogenannte Übungsleiterpauschale gemäß § 3 Nr. 26 EStG geltend gemacht wird, gilt eine Besonderheit hinsichtlich der Geltendmachung von Werbungskosten bzw. Betriebskosten. Aufwendungen können auch, sofern sie steuerlich berücksichtigungsfähig sind, (siehe „Werbungskosten" ab Seite 134) nur dann geltend gemacht werden, wenn sie den Betrag von jährlich 2.400 Euro übersteigen.

Der künstlerische Leiter eines Kirchenchors erhält monatlich für entstehende Aufwendungen und zum pauschalierten Ersatz von entstehendem Verdienstausfall einen Betrag von 300 Euro. Tatsächlich entstehen ihm steuerlich zu berücksichtigende Aufwendungen in Höhe von monatlich 250 Euro.

Auf den gezahlten Betrag ist die Steuerbefreiung für eine Übungsleiterpauschale insgesamt anwendbar. Diese Vorschrift erfasst ja nicht nur die Aufwandsentschädigung, sondern betrifft alle Einnahmen aus einer entsprechend privilegierten nebenberuflichen Tätigkeit. Damit sind von den Gesamteinnahmen in Höhe von 3.600 Euro nur 2.400 Euro als Übungsleiterpauschale gemäß § 3 Nr. 26 EStG steuerfrei. Es verbleibt zunächst ein Betrag von 1.200 Euro für das Kalenderjahr, welcher zu versteuern wäre. Hiervon kann der Chorleiter jedoch noch den Teil der Aufwendung abziehen, der 2.400 Euro übersteigt. In unserem Fall hat er Aufwendungen in Höhe von 3.000 Euro. Damit sind weitere 600 Euro (3.000 Euro–2.400 Euro = 600 Euro) berücksichtigungsfähig. Es verbleibt damit ein zu versteuernder Betrag in Höhe von insgesamt 600 Euro (1.200 Euro–600 Euro = 600 Euro).

Keinesfalls darf der Abzug aller tatsächlich entstehenden Aufwendungen dazu führen, dass ein „Verlust" geltend gemacht werden kann. In diesem Fall wird zwar in aller Regel bereits die Einkunftserzielungsabsicht fehlen, jedoch ist der beschränkte Abzug bis zur Höhe des Einkommens nochmals ausdrücklich gesetzlich festgelegt.

Mehrfache Übungsleiterpauschale

Die mehrfache Geltendmachung der steuerfreien Übungsleiterpauschale in einem Kalenderjahr ist weder möglich, wenn bei einem Träger mehrere unterschiedliche begünstigte Tätigkeiten ausgeübt werden, noch wenn bei verschiedenen Trägern gleichartige oder unterschiedliche begünstigte Tätigkeiten ehrenamtlich und nebenberuflich ausgeübt werden.

Die pensionierte Ballettlehrerin leitet in einem gemeinnützigen Verein die Kurse zur musikalischen Früherziehung. Gleichzeitig ist sie im ebenfalls gemeinnützigen Heimatverein Tanzlehrerin der Volkstanzgruppe. Sie erhält jeweils eine Aufwandsentschädigung in Höhe von monatlich 200 Euro. Hinsichtlich beider Tätigkeiten kommt grundsätzlich die Steuerbefreiung als Übungsleiterpauschale in Betracht. Unabhängig davon, ob diese Tätigkeiten gleichartig oder unterschiedlich sind, kann die Steuerbefreiung nach § 3 Nr. 26 EStG jedoch nur einmal gewährt werden. Ausnahmsweise kann jedoch in diesem Fall eine zusätzliche und weitere Steuerbefreiung nach § 3 Nr. 26a EStG als sogenannte Ehrenamtspauschale in Betracht kommen.

STEUERFREIHEIT DER EHRENAMTSPAUSCHALE

Nicht immer unterstützen Personen die Arbeit eines gemeinnützigen Vereins durch pädagogische und künstlerische oder pflegerische Tätigkeit, die nach § 3 Nr. 26 EStG begünstigt ist. Beispielsweise sind die Tätigkeit als Kassenprüfer, bei der Essensausgabe einer Tafel, als Hausmeister oder auch als Vereinsvorsitzender sicherlich nicht weniger wichtig als die durch § 3 Nr. 26 EStG privilegierten Tätigkeiten. Es ist jedoch aus Sicht des Steuerrechts kaum zu begründen, warum jemand, der nebenberuflich die Buchhaltung eines gemeinnützigen Vereins führt, die hierfür enthaltenen Beträge anders versteuern soll als derjenige, der dieselbe Tätigkeit zum selben Entgelt in einem Handwerksunternehmen unternimmt. Aus diesem Grund hat der Gesetzgeber für solche Einnahmen nur im Rahmen einer ehrenamtlichen Tätigkeit eine geringfügige Steuerbefreiung eingeräumt.

Diese ist geregelt in § 3 Nr. 26a EStG und wird „Ehrenamtspauschale" genannt. Sie gilt erst seit dem 1. Januar 2007 und wurde zuletzt zum 1. Januar 2013 erhöht. Danach ist ein Betrag in Höhe von 720 Euro jährlich steuerfrei, sofern es sich um Einnahmen aus einer nebenberuflichen Tätigkeit im gemeinnützigen, mildtätigen oder kirchlichen Bereich handelt. Im Prinzip handelt es sich bei der steuerfreien Ehrenamtspauschale wiederum um eine Pauschale für Aufwendungen, die mit dem Ehrenamt verbunden sind. Mit dem Freibetrag sollen nämlich alle Betriebsausgaben oder Werbungskosten abgedeckt werden. Selbstverständlich steht es jedem Betroffenen frei, tatsächlich entstandene und berücksichtigungsfähige Aufwendungen geltend zu machen, sofern diese höher sind als 720 Euro.

Ehrenamtspauschale und andere Steuervergünstigungen

Die Steuerfreiheit der Ehrenamtspauschale kann nicht neben anderen Steuerbefreiungen gewährt werden. Darüber hinaus kann der Freibetrag gemäß § 3 Nr. 26a EStG nur einmal geltend gemacht werden. Dies gilt unabhängig davon, ob die entsprechende Tätigkeit bei einem oder mehreren Trägern ausgeübt werden. Ebenso wenig ist entscheidend, ob eine gleichartige oder unterschiedliche Tätigkeit ausgeübt wird.

Der im Hauptberuf als Polizeibeamter tätige P. ist in seiner Freizeit stark engagiert. So ist er im ortsansässigen gemeinnützigen Sportverein als Vorstand tätig. Ferner ist er im ebenfalls gemeinnützigen Naturschutzverein als Schriftführer und Kassenprüfer tätig. Von beiden Vereinen erhält er jährlich eine Aufwandsentschädigung in Höhe von 500 Euro. Für beide Tätigkeiten kommt eine Steuerbefreiung gemäß § 3 Nr. 26 EStG als Übungsleiterpauschale mangels pädagogischer, künstlerischer oder pflegerischer Ausrichtung nicht in Betracht. Die Steuerbefreiung gemäß § 3 Nr. 26a EStG als Ehrenamtspauschale in Höhe von 720 Euro jährlich kann jedoch nur einmal gewährt werden. Damit unterliegt ein Betrag von insgesamt 280 Euro jährlich der Einkommensteuer.

Eine Besonderheit kann sich jedoch aus dem Nebeneinander von Ehrenamts- und Übungsleiterpauschale ergeben.

Übungsleiter- und Ehrenamtspauschale

Sofern ein ehrenamtlich Tätiger eine nach § 3 Nr. 26 EStG begünstigte Tätigkeit (Übungsleiterpauschale) ausübt, kann daneben zusätzlich eine Steuerbefreiung nach § 3 Nr. 26a EStG gewährt werden. Dies gilt selbst dann, wenn die entsprechenden Tätigkeiten bei ein und demselben Verein bzw. Träger ausgeübt werden. Es muss sich allerdings um zwei verschiedene und abgrenzbare Tätigkeiten handeln.

B. ist beim gemeinnützigen Handballverein als Trainer der Herrenmannschaften tätig. Hierfür erhält er jährlich zum Ausgleich aller Aufwendungen und zur Abgeltung eines möglichen Verdienstausfalls einen Betrag von 2.400 Euro jährlich. Zusätzlich engagiert er sich beim selben Verein als Zeugwart und kümmert sich um Trikots und Sporthalle. Hierfür erhält er pauschal einen Betrag von 850 Euro jährlich. Der Betrag, den er als Trainer erhält, ist als Übungsleiterpauschale im Sinne des § 3 Nr. 26 EStG steuerfrei, da der Betrag von 2.400 Euro nicht überschritten wird. Bei der Steuerfreiheit der Übungsleiterpauschale kommt es nicht darauf an, ob diese als Aufwendungsersatz oder Verdienstausfall gezahlt wird. Von der Vergütung für seine Tätigkeit als Zeugwart in Höhe von 650 Euro ist ein Steuerfreibetrag gemäß § 3 Nr. 26a EStG abzuziehen. Danach verbleibt nach Abzug aller Steuerfreibeträge ein Betrag von 130 Euro. Dieser wäre wiederum entsprechend der 256-Euro-Regel steuerfrei. Damit wären in dem beschriebenen Fall alle an B. für seine ehrenamtliche Tätigkeit gezahlten Beträge steuerfrei.

Erste Ehrenamtspauschale statt zweiter Übungsleiterpauschale?

Wie bereits dargelegt, kann die Übungsleiterpauschale nur einmal insgesamt geltend gemacht werden. Das gilt unabhängig davon, ob mehrere derartige Tätigkeiten bei einem oder bei verschiedenen Trägern ausgeübt werden. Eine Aufteilung bis zum Höchstbetrag ist selbstverständlich möglich. Fraglich ist, wie zu verfahren ist, wenn der Höchstbetrag von 2.400 Euro überschritten wird, jedoch noch keine Ehrenamtspauschale geltend gemacht wurde.

F. ist vielfältig begabt und engagiert. Zum einen leitet er ehrenamtlich und nebenberuflich den Kirchenchor. Zum anderen leistet er ebenfalls ehrenamtlich und nebenberuflich bei der Caritas pflegerische Hilfsdienste, indem er älteren Menschen vorliest und diese bei Spaziergängen begleitet. Für beide Tätigkeiten erhält er jeweils monatlich 200 Euro. Beide Zahlungen wären in voller Höhe grundsätzlich als Übungsleiterpauschale im Sinne des § 3 Nr. 26 EStG in voller Höhe steuerbefreit. Die Tätigkeit als Chorleiter wäre eine begünstigte künstlerische Tätigkeit und das Engagement bei der Caritas wäre eine ebenfalls nach § 3 Nr. 26 EStG begünstigte pflegerische Tätigkeit, da auch pflegerische Hilfsdienste begünstigt sind.

Die entsprechende Steuerbefreiung darf jedoch nur einmal gewährt werden. Fraglich ist, ob dann für die zweite Tätigkeit nicht zumindest zusätzlich die Ehrenamtspauschale, die eine Steuerfreiheit in Höhe von 720 Euro jährlich gewährt, angewendet werden kann. Würde F. bei der Caritas eine nicht als Übungsleiter privilegierte Tätigkeit ausüben, so könnte die zweite Steuerbefreiung nach § 3 Nr. 26a EStG gewährt werden. Es erscheint auf den ersten Blick nur recht und billig, wenn er auch für die privilegierte Tätigkeit zumindest die Ehrenamtspauschale geltend machen kann. Dennoch wird diese Form der Anwendung von den Steuerbehörden abgelehnt.

Die Ablehnung der Steuerbehörden in unserem Beispielfall erscheint mehr als ungerecht. Der Gesetzgeber wollte die ehrenamtliche Tätigkeit begünstigen. Besonders bevorzugt werden sollten dabei diejenigen, die eine Tätigkeit ausüben, die nach § 3 Nr. 26 EStG als besonders förderungswürdig gilt. Dieser Wille des Gesetzgebers wird durch die Handhabung der Steuerbehörden ins Gegenteil verkehrt. Es bleibt abzuwarten, ob dies auch einer finanzgerichtlichen Überprüfung standhalten wird. Eine überzeugende Begründung für diese unterschiedliche Behandlung ist jedenfalls nicht ersichtlich.

Kurz gefasst: Ein Nebeneinander von Übungsleiter- und Ehrenamtspauschale ist möglich, wenn zwei unterschiedliche ehrenamtliche Tätigkeiten ausgeübt werden, aber nur, wenn eine der Tätigkeiten **keine** begünstigte Tätigkeit nach § 3 Nr. 26 EStG ist.

SPENDENABZUG, INSBESONDERE DIE AUFWANDSSPENDE

Gemäß § 10b EStG können Spenden an gemeinnützige Körperschaften steuermindernd geltend gemacht werden. Spenden sind Ausgaben, die freiwillig und ohne Gegenleistung für mildtätige, kirchliche, religiöse, wissenschaftliche oder für besondere förderungswürdig anerkannte gemeinnützige Zwecke geleistet werden. Eine besondere Form der Spende ist die sogenannte Aufwandsspende. Hierbei wird von einem ehrenamtlich Tätigen auf einen Aufwendungsersatzanspruch verzichtet.

Der Vorstand des gemeinnützigen Vereins hat laut Satzungsregelung einen Anspruch auf eine Aufwandsentschädigung von 600 Euro pro Jahr. Ende des Jahres 2014 schreibt er an die Geschäftsstelle des Vereins: „Meine Aufwandsentschädigung für meine Vorstandstätigkeit im Jahr 2014 spende ich hiermit zurück und bitte um Übersendung einer entsprechenden Spendenquittung." Dies wird behandelt wie eine Geldspende. Ein tatsächlicher Geldfluss wird nicht gefordert. In der Quittung für die Spende (Zuwendungsbestätigung) muss jedoch vermerkt sein, dass es sich um den Verzicht auf Aufwendungsersatz handelt.

In unserem Beispiel führt die Spende dazu, dass der Vorstand von seinem übrigen zu versteuernden Einkommen den Betrag von 720 Euro abziehen kann. Je nach Steuersatz können dadurch ein paar hundert Euro gespart werden.

Es gibt überarbeitete Vordrucke für Spendenbescheinigungen auf der Internetseite mit dem Formular-Management-System (FMS) der Bundesfinanzverwaltung www.formulare-bfinv.de. In dem Formular zur Bestätigung von Geldzuwendungen für steuerbegünstigte Einrichtungen und Vereine wird gefragt: „Handelt es sich um den Verzicht auf die Erstattung von Aufwendungen?" Diese Frage ist bei der Aufwandsspende natürlich zu bejahen.

Die Aufwandsspende funktioniert natürlich auch bei der Spende einer Übungsleiterpauschale oder von steuerfreien Reisekostenerstattungen.

Die Anerkennung einer Aufwandsspende wird dann abgelehnt, wenn in der Satzung oder auf sonstige Weise festgelegt ist, dass ein zustehender Aufwandsersatzanspruch zwingend zurückgespendet werden muss. In diesem Fall wird die notwendige Freiwilligkeit für eine derartige Spende verneint. Der Umstand, dass der Vorstand eines gemeinnützigen Vereins regelmäßig seine Aufwandsentschädigung zurückspendet, hindert die Freiwilligkeit nicht, wenn für die Aufwandsspende keine gesetzliche oder vertragliche Verpflichtung besteht und das Vorstandsmitglied sich jedes Mal frei entscheiden kann, ob eine Rückspende erfolgt.

Ferner ist zu beachten, dass der Verein natürlich nichts versprechen darf, was er nicht zahlen könnte, sonst müsste er Insolvenz anmelden. In einem gemeinnützigen Verein dürfte die Aufwandsentschädigung keinesfalls unangemessen hoch sein und sofern sie an den Vorstand gezahlt werden soll, müsste dies in der Satzung ausdrücklich erlaubt sein.

ANRECHNUNG VON ZAHLUNGEN FÜR EHRENAMTLICHE TÄTIGKEIT AUF SOZIALLEISTUNGEN

Nicht nur Gutverdienende, sondern auch Personen die Sozialleistungen beziehen, engagieren sich ehrenamtlich. Die meisten Sozialleistungen werden abhängig von der Bedürftigkeit der betroffenen Personen gezahlt. Damit drängt sich die Frage auf, wie Zahlungen für ehrenamtliche Tätigkeit die Bedürftigkeit der Betroffenen beeinflusst. Sofern eine Ehrenamtspauschale oder Aufwandsentschädigung als Einkommen bewertet wird, könnte die ehrenamtliche Tätigkeit dazu führen, dass Sozialleistungen geschmälert werden. Nun haben wir im vorangegangenen Abschnitt gesehen, dass eine Reihe von Zahlungen für ehrenamtliche Tätigkeit nicht steuerpflichtig, insbesondere nicht einkommensteuerpflichtig ist. Dies bedeutet jedoch nicht zwangsläufig, dass diese Einnahmen bei der Berechnung von Sozialleistungen unberücksichtigt bleiben. Wie § 3 EStG zeigt, werden Zahlungen für ehrenamtliche Tätigkeit durchaus zu den Einnahmen gezählt, jedoch in bestimmtem Umfang steuerfrei gestellt. Folglich ist für jede Sozialleistung gesondert zu prüfen, ob eine Anrechnung erfolgt.

ANRECHNUNG VON ZAHLUNGEN FÜR EHRENAMTLICHE TÄTIGKEIT AUF ARBEITSLOSENGELD I

§ 155 SGB III und die „Verordnung über die ehrenamtliche Betätigung von Arbeitslosen" (zuletzt geändert im März 2013, Auszüge im Anhang ab Seite 175) regeln die Anrechnung von Nebeneinkommen von Ehrenamtlichen beim Bezug von Arbeitslosengeld I. Nach § 1 Abs. 1 der Verordnung muss das Ehrenamt unentgeltlich sein. Dies ist nach § 1 Abs. 2 der Verordnung auch dann der Fall, wenn ein pauschalierter Auslagenersatz und eine Aufwandsentschädigung zusammen 200 Euro monatlich nicht übersteigen.

Im Merkblatt für Arbeitslose der Bundesagentur für Arbeit heißt es dazu:

„Üben Sie unentgeltlich eine ehrenamtliche Tätigkeit aus, steht diese der Arbeitslosigkeit nicht entgegen, wenn die Tätigkeit bestimmten Anforderungen genügt. Erkundigen Sie sich hierzu bei Ihrer Agentur für Arbeit. Die ehrenamtliche Tätigkeit steht der Arbeitslosigkeit grundsätzlich zum Beispiel auch dann nicht entgegen, wenn sie 15 Stunden oder mehr wöchentlich umfasst und der pauschalierte Auslagenersatz den Betrag von 200 Euro monatlich nicht überschreitet.

Sie sind verpflichtet, jede mindestens 15-stündige wöchentliche ehrenamtliche Tätigkeit vor deren Beginn der Agentur für Arbeit anzuzeigen."

§ 120 SGB III enthält noch eine Sonderregelung für diejenigen, die vorübergehend zur Verhütung oder Beseitigung öffentlicher Notstände Dienste ausüben, die nicht auf einem Arbeitsverhältnis beruhen. Zu diesen Diensten gehören unter anderem der Dienst als freiwilliger Helfer im Zivil- oder Katastrophenschutz, beim DRK, den freiwilligen Feuerwehren, dem Malteser Hilfsdienst, dem Technischen Hilfswerk usw. Personen, die dort vorübergehend zur Beseitigung öffentlicher Notstände tätig sind, gelten immer als verfügbar im Sinne des SGB III, selbst wenn ihre Tätigkeit im Einzelfall 15 Wochenstunden übersteigt.

§ 155 Abs. 1 SBG III regelt, dass Einkommen bis zu 165 Euro pro Monat anrechnungsfrei ist. Damit scheint die Anrechnung klar.

Ein Ehrenamtlicher trainiert seit Jahren mehrere Jugendmannschaften in einem gemeinnützigen Verein. Er erhält dafür einen pauschalierten Auslagenersatz und Aufwandsentschädigung in Höhe von insgesamt 480 Euro monatlich. Damit wären 200 Euro monatlich gemäß der Verordnung und 165 Euro gemäß § 155 Abs. 1 SGB III anrechnungsfrei. Es verbliebe ein Anrechnungsbetrag von 115 Euro monatlich. Nun regelt § 155 Abs. 3 SGB III jedoch die Anrechnungsfreiheit bei schon länger während der Berufstätigkeit ausgeübten Nebentätigkeiten. Hier liegt der Freibetrag bei 400 Euro monatlich. Damit ergibt sich folgende Berechnung: 480 Euro minus 200 steuerfreie und anrechnungsfreie Aufwandsentschädigung ergibt einen Restbetrag von 280 Euro monatlich. Dieser liegt für die länger ausgeübte Nebentätigkeit unter 400 Euro und ist damit anrechnungsfrei.

Hinsichtlich einer ehrenamtlichen Tätigkeit sollten Sie mit der Bundesagentur für Arbeit sprechen und in jedem Fall eine entsprechende Tätigkeit anzeigen. Wird die Tätigkeit schon länger ausgeübt, so sollten Sie auch überprüfen, ob die für Sie günstigste Anrechnung (siehe Beispiel oben) erfolgt.

ANRECHNUNG VON ZAHLUNGEN FÜR EHRENAMTLICHE TÄTIGKEIT AUF ARBEITSLOSENGELD II

Die Anrechnung von Zahlungen im Ehrenamt beim Bezug von Arbeitslosengeld II und Sozialgeld nach dem SGB II (Hartz IV) wurde neu geregelt. Leider ist die einschlägige Regelung des § 11b SGB II extrem schwer zu verstehen, da hier der Freibetrag für Erwerbstätige und der für ehrenamtliche Tätigkeit zu einem Freibetrag zusammengefasst werden.

Für Einkommen aus Erwerbstätigkeit und Einkommen aus ehrenamtlicher Tätigkeit gibt es nur einen (gemeinsamen) Freibetrag. Das bedeutet für Erwerbstätige, die ergänzend Arbeitslosengeld II benötigen (sogenannte Aufstocker) und die zusätzlich auch ehrenamtlich tätig sind: Es gibt nur einen Freibetrag für die gesamten Einkünfte.

Bei Einnahmen, die nach § 3 Nummer 12, 26, 26a oder 26b des Einkommensteuergesetzes steuerfrei sind, besteht ein monatlicher Freibetrag von 200 Euro. Erhält der Betroffene mehr als 200 Euro, so ist er berechtigt, gegebenenfalls nachzuweisen, dass er höhere Aufwendungen als 200 Euro hatte, damit dieser Betrag anrechnungsfrei bleibt.

Der ALG II-Empfänger erhält für seine Begleitung bei der Stadtranderholung in den Ferienzeiten in einem Monat 300 Euro. Er kann nachweisen, dass er tatsächlich 220 Euro zu berücksichtigende Aufwendungen (Fahrtkosten usw.) in Höhe von 220 Euro hatte. Dann bleibt dieser Betrag anrechnungsfrei, da er ihn ja schon für die Kosten ausgegeben hat. Von dem ihm verbleibenden und darüber hinausgehenden Betrag in Höhe von 80 Euro ist (wie bei jedem Erwerbstätigen) ein Betrag von 20 Prozent frei. Also 80 Euro, davon 20 Prozent = 16 Euro anrechnungsfrei, 64 Euro würden angerechnet.

Leider zeigt die Erfahrung, dass der Freibetrag für ehrenamtliche Tätigkeit nicht immer problemlos berücksichtigt wird. Hilfreich ist deshalb eine Bescheinigung des Vereins, aus der hervorgeht, dass Beträge für ehrenamtliche Tätigkeit ausgezahlt wurden.

Der Freibetrag von 200 Euro monatlich scheint auf den ersten Blick dem Steuerfreibetrag des § 3 Nr. 26 EStG zu entsprechen, die 200 Euro monatlich ergeben ja 2.400 Euro im Jahr. Doch dabei taucht das Problem auf, dass es sich bei dem Freibetrag nach § 11b SGB II um einen Monatsfreibetrag handelt.

Jemand betreut seinen befreundeten Nachbarn im Rahmen einer vom Gericht angeordneten Betreuung. Hierfür erhält er seit der Anpassung zum 1. August 2013 einen Betrag von 399 Euro jährlich. Dieser Betrag wäre nach § 3 Nr. 26 EStG steuerfrei, da er unter 2.400 jährlich liegt und auch die sonstigen Voraussetzungen erfüllt sind. Bezieht der Betreuer jedoch ALG II, so sind im Monat der Zahlung nur 200 Euro anrechnungsfrei. Im Monat der Auszahlung würden folglich 199 Euro angerechnet.

Die „Umrechnung" des jährlichen Steuerfreibetrags in einen Monatsfreibetrag kann zudem zu sehr ungerechten Ergebnissen führen.

Zwei ALG II-Empfänger fahren als ehrenamtliche Betreuungspersonen zwei Wochen mit auf eine Ferienfreizeit. Der gemeinnützige Verein zahlt beiden Ehrenamtlichen den Betrag von 400 Euro Aufwandsentschädigung, jeweils 200 Euro vor der Freizeit und 200 Euro nach Rückkehr. Bei einem Begleiter geht das Geld innerhalb eines Monats auf dem Konto ein. Bei dem anderen innerhalb von zwei Kalendermonaten. Bei beiden wäre dieser Betrag steuerfrei. Tatsächlich würde hier jedoch beim ALG II eine unterschiedliche Anrechnung erfolgen. Derjenige, bei dem das Geld in einem Kalendermonat eingegangen ist, muss die Anrechnung akzeptieren, bei dem anderen erfolgt keine Anrechnung.

ANRECHNUNG VON ZAHLUNGEN AN EHRENAMTLICH TÄTIGE AUF BAFÖG

Auch Studenten sind häufig ehrenamtlich tätig. Sofern sie BAföG-Leistungen beziehen, eine Sozialleistung auf Darlehensbasis, stellt sich die Frage, ob und inwieweit Zahlungen aufgrund der ehrenamtlichen Tätigkeit auf ihre BAföG-Leistung angerechnet werden. § 21 BAföG bestimmt, dass Einkommen die Summe der positiven Einkünfte im Sinne des § 2 Abs. 1 und 2 EStG ist.

Die Durchführungsverordnung zum BAföG stellt in Nr. 21.1.4 klar: „Nicht zur Summe der positiven Einkünfte gehören: steuerfreie Einnahmen mit Ausnahme von Unfallrenten." Hieraus folgt, dass, sofern Aufwandsentschädigungen, Ehrenamtspauschalen oder sonstige Zahlungen an ehrenamtlich tätige Studenten bzw. BAföG -Empfänger steuerfrei sind, diese auch im Rahmen des BAföG nicht angerechnet werden. Dies gilt auch für steuerfreie Reiskostenerstattungen, Aufwendungsersatz usw.

Nicht völlig eindeutig ist die Frage zu beantworten, ob Zuwendungen an den ehrenamtlich tätigen Studenten dann anrechnungsfrei bleiben, wenn diese zwar grundsätzlich steuerpflichtig sind, jedoch aufgrund ihrer Geringfügigkeit eine Veranlagung unterbleibt. Dies ist bei einem Einkommen aus selbstständiger Tätigkeit bis 400 Euro jährlich der Fall. Diese Einnahmen dürften jedoch nach § 21 Abs. 4 Nr. 4 BAföG als zweckbestimmte Leistungen anrechnungsfrei sein.

In jedem Fall ist dringend anzuraten, alle Zuwendungen für ehrenamtliche Tätigkeit im BAföG-Antrag anzugeben oder, sofern sie nachträglich entstehen, zu melden, auch wenn sie nach den entsprechenden gesetzlichen Bestimmungen anrechnungsfrei sind.

BERÜCKSICHTIGUNG VON ZAHLUNGEN AN EHRENAMTLICH TÄTIGE BEIM ELTERNGELD

Hinsichtlich des Elterngelds sind vor allem zwei Fragen mit Blick auf ehrenamtliche Tätigkeit von Bedeutung. Zunächst muss geklärt werden, ob aufgrund ehrenamtlicher Tätigkeit gezahlte Zuwendungen bei der Berechnung der Höhe des Elterngelds berücksichtigt werden. Dann ist von Bedeutung, ob entsprechende Zuwendungen während des Elterngeldbezugs auf das Elterngeld angerechnet werden.

Berücksichtigung von Einnahmen aufgrund ehrenamtlicher Tätigkeit bei der Höhe des Elterngelds

Das Elterngeld wird gemäß § 2 Elterngeld in Anlehnung an das vor der Geburt erzielte monatliche Einkommen aus Erwerbstätigkeit gezahlt. Die Berechnungsgrundlage knüpft an das zu versteuernde Einkommen an. Demnach werden vor der Geburt erzielte steuerfreie Einnahmen aus einer ehrenamtlichen Tätigkeit nicht bei der Höhe des Elterngelds berücksichtigt.

Anrechnung von Zahlungen aufgrund ehrenamtlicher Tätigkeit auf das Elterngeld

Die Anrechnung von Einnahmen aufgrund ehrenamtlicher Tätigkeit auf das Elterngeld ist in § 3 Abs. 2 Elterngeldgesetz geregelt. Sofern der Berechtigte anstelle des vor der Geburt des Kindes erzielten Einkommens aus Erwerbstätigkeit nach der Geburt andere Einnahmen erzielt, die nach ihrer Zweckbestimmung dieses Einkommen aus Erwerbstätigkeit ganz oder teilweise ersetzen, werden diese Einnahmen auf das für das ersetzte Einkommen zustehende Elterngeld angerechnet, sofern Letzteres den Betrag von 300 Euro übersteigt. Andere Einnahmen werden nicht angerechnet. Da Aufwandsentschädigungen, Ehrenamtspauschale und sonstige Zuwendungen an ehrenamtlich Tätige **keine** Einnahmen sind, die das bisherige Einkommen aus Erwerbstätigkeit ersetzen, gibt es demnach keine Anrechnung auf das Elterngeld.

ANRECHNUNG VON ZAHLUNGEN AN EHRENAMTLICH TÄTIGE AUF DAS WOHNGELD

Zu berücksichtigendes Einkommen im Sinne des Wohngeldgesetzes sind Einkünfte nach § 2 EStG. § 10 des Wohngeldgesetzes legt dann in Abs. 2 fest, welche nach dem Einkommensteuergesetz steuerfreien Einkünfte dennoch bei der Wohngeldberechnung als Einkommen zu rechnen sind. Bei der entsprechenden Auflistung sind die steuerfreien Einnahmen gemäß §§ 3 Nr. 12, 3 Nr. 26, 3 Nr. 26a EStG nicht erwähnt. Bei der Berechnung des zu berücksichtigenden Einkommens im Rahmen des Wohngeldbezugs sind derartige Zuwendungen für ehrenamtliche Tätigkeit folglich nicht zu berücksichtigen.

ANRECHNUNG VON ZAHLUNGEN AN EHRENAMTLICH TÄTIGE AUF DIE SOZIALHILFE

Die Anrechnung von Einkommen beim Bezug von Sozialhilfe ist sehr umfassend. In der Vergangenheit hat dies häufig zu Problemen geführt, da es keine ausdrückliche Regelung zur Anrechnung von Einnahmen aus ehrenamtlicher Tätigkeit auf die Sozialhilfe gab. Dies wurde erfreulicherweise durch das Ehrenamtsstärkungsgesetz im April 2013 behoben.

§ 82 Abs. 3 SGB XII bestimmt: „... Bei Einnahmen, die nach § 3 Nummer 12, 26, 26a oder 26b des Einkommensteuergesetzes steuerfrei sind, ist abweichend von den Sätzen 1 und 2 ein Betrag von bis zu 200 Euro monatlich nicht als Einkommen zu berücksichtigen."

Hier tritt zwar dieselbe Problematik wie beim ALG II auf, dass der jährliche Steuerfreibetrag zu einem Monatsfreibetrag gemacht wird (siehe Seite 157). Insgesamt ist die Regelung aber sowohl eine schon lange notwendige Klarstellung als auch eine Verbesserung zu der bisherigen Rechtslage.

ANRECHNUNG VON ZAHLUNGEN AN EHRENAMTLICH TÄTIGE AUF RENTEN

Bei der Beantwortung der Frage, ob Zuwendungen an bürgerschaftlich engagierte Rentner Auswirkungen auf die Rentenleistung haben, muss man die verschiedenen Formen der Rente unterscheiden.

Auswirkungen auf Renten nach Erreichen des Renteneintrittsalters

Das bisherige Eintrittsalter in der Rente von 65 Jahren ist auf 67 Jahre erhöht worden. Die Anpassung erfolgt schrittweise. Sobald das Renteneintrittsalter erreicht ist, wirkt sich ein Zuverdienst gleich in welcher Form, nicht mehr auf die Höhe der Rente aus. Zu beachten ist lediglich, dass der Zuverdienst gegebenenfalls steuerpflichtig ist. Beachten Sie: Liegt der Verdienst im steuerpflichtigen Bereich, so gelten auch die sozialversicherungsrechtlichen Regeln. Hier gelten insgesamt die im vorangegangenen Kapitel dargelegten Grundsätze.

Hinterbliebenen- und Erwerbsminderungsrenten

Ungekürzte Renten werden an den Betroffenen oder seinen Hinterbliebenen vor Erreichen der Regelaltersgrenze nur gezahlt, wenn die Hinzuverdienstgrenzen nicht überschritten werden. Dies ist geregelt in §§ 34, 96a, 97 SGB VI. In allen Fällen bleibt ein gezahlter Betrag für die Pflege einer Person unberücksichtigt, wenn die entsprechende Summe das Pflegegeld im Sinne des § 37 SGB XI nicht übersteigt. Bei sonstigen Zuwendungen aufgrund ehrenamtlichen Engagements muss geprüft werden, ob diese Lohnersatzcharakter haben. Zahlungen, die lediglich entstandene Aufwendungen (pauschaliert) abgelten, fallen nicht unter § 34 Abs. 2 SGB VI. Sie würden damit nicht als anrechenbares Arbeitsentgelt oder Arbeitseinkommen angesehen und wirken sich nicht auf die Höhe des Rentenbezugs aus. Sofern jedoch durch die Zuwendung an den ehrenamtlich Tätigen auch ein tatsächlich sonst entstehender Verdienstausfall ausgeglichen werden soll, muss diese Zahlung angerechnet werden. Für einen Hinzuverdienst gibt es einen individuellen Freibetrag. Die Berechnung ist leider sehr kompliziert.

Tipp

Die Deutsche Rentenversicherung hat einen kostenfreien Ratgeber mit dem Titel „Erwerbsminderungsrentner: So viel können Sie hinzuverdienen" (Stand 07/2014, 15. Auflage) herausgegeben. Diesen finden Sie auf: www.deutsche-rentenversicherung.de, Suchwörter Erwerbsminderungsrentner, Hinzuverdienst.

Diese Hinzuverdienstgrenze kann zweimal im Jahr überschritten werden. Wenn diese Grenzen überschritten werden, erfolgt eine anteilige Anrechnung.

Wenn Sie vor Erreichen der Regelaltersgrenze eine Rente beziehen und beabsichtigen, eine ehrenamtliche Tätigkeit auszuüben, für die Zuwendungen gleich in welcher Form gezahlt werden, sollten Sie Rücksprache mit dem jeweiligen Rentenversicherungsträger nehmen, ob diese meldepflichtig sind und inwieweit die Zahlungen sich auf die Rente auswirken.

ZUSAMMENGEFASST

- Eine ehrenamtliche Tätigkeit ist (im Gegensatz zu einem Arbeitsverhältnis) freiwillig. Jede ehrenamtliche Tätigkeit kann grundsätzlich jederzeit beendet werden.
- Ehrenamtliche haben keinen Anspruch auf Auslagenersatz oder Aufwandsentschädigung.
- Falls Ehrenamtliche Zahlungen erhalten haben, obliegt es ihnen, für die richtige steuerliche Behandlung (in ihrer Steuererklärung) zu sorgen.
- Einnahmen unter 256 Euro jährlich, Auslagenersatz und Aufwandsentschädigungen können unter bestimmten Umständen steuerfrei sein. Die wichtigsten Steuerbefreiungen sind die sogenannten Übungsleiter- und die Ehrenamtspauschale.

- Die Übungsleiterpauschale beträgt derzeit 2.400 Euro und die Ehrenamtspauschale 720 Euro im Jahr.
- Zahlungen im Ehrenamt können auf Sozialleistungen angerechnet werden. Dies ist abhängig von der jeweiligen Sozialleistung. Meist gilt: Was steuerfrei ist, wird auf Sozialleistungen nicht angerechnet. Die Freibeträge bei der Grundsicherung für Arbeitsuchende (Hartz IV), Erwerbsunfähige und der Sozialhilfe sind jedoch Monatsfreibeträge, keine Jahresfreibeträge.
- Bezieher von Erwerbsminderungs- oder Erwerbsunfähigkeitsrenten sollten mit ihrem Rentenversicherungsträger sprechen, in welchem Umfang sie ehrenamtlich tätig sein dürfen und welche Zahlungen dabei unbedenklich sind.

07 ANHANG

DIE HAFTUNGSREGELN IM VEREIN: §§ 31, 31A UND 31B BÜRGERLICHES GESETZBUCH (BGB)

§ 31 Haftung des Vereins für Organe

Der Verein ist für den Schaden verantwortlich, den der Vorstand, ein Mitglied des Vorstands oder ein anderer verfassungsmäßig berufener Vertreter durch eine in Ausführung der ihm zustehenden Verrichtungen begangene, zum Schadenersatz verpflichtende Handlung einem Dritten zufügt.

§ 31a Haftung von Organmitgliedern und besonderen Vertretern

(1) Sind Organmitglieder oder besondere Vertreter unentgeltlich tätig oder erhalten sie für ihre Tätigkeit eine Vergütung, die 720 Euro jährlich nicht übersteigt, haften sie dem Verein für einen bei der Wahrnehmung ihrer Pflichten verursachten Schaden nur bei Vorliegen von Vorsatz oder grober Fahrlässigkeit. Satz 1 gilt auch für die Haftung gegenüber den Mitgliedern des Vereins. Ist streitig, ob ein Organmitglied oder ein besonderer Vertreter einen Schaden vorsätzlich oder grob fahrlässig verursacht hat, trägt der Verein oder das Vereinsmitglied die Beweislast.

(2) Sind Organmitglieder oder besondere Vertreter nach Absatz 1 Satz 1 einem anderen zum Ersatz eines Schadens verpflichtet, den sie bei der Wahrnehmung ihrer Pflichten verursacht haben, so können sie von dem Verein die Befreiung von der Verbindlichkeit verlangen. Satz 1 gilt nicht, wenn der Schaden vorsätzlich oder grob fahrlässig verursacht wurde.

§ 31b Haftung von Vereinsmitgliedern

(1) Sind Vereinsmitglieder unentgeltlich für den Verein tätig oder erhalten sie für ihre Tätigkeit eine Vergütung, die 720 Euro jährlich nicht übersteigt, haften sie dem Verein für einen Schaden, den sie bei der Wahrnehmung der ihnen übertragenen

satzungsgemäßen Vereinsaufgaben verursachen, nur bei Vorliegen von Vorsatz oder grober Fahrlässigkeit. § 31a Absatz 1 Satz 3 ist entsprechend anzuwenden.

(2) Sind Vereinsmitglieder nach Absatz 1 Satz 1 einem anderen zum Ersatz eines Schadens verpflichtet, den sie bei der Wahrnehmung der ihnen übertragenen satzungsgemäßen Vereinsaufgaben verursacht haben, so können sie von dem Verein die Befreiung von der Verbindlichkeit verlangen. Satz 1 gilt nicht, wenn die Vereinsmitglieder den Schaden vorsätzlich oder grob fahrlässig verursacht haben.

GEMEINNÜTZIGKEIT NACH § 52 ABGABENORDNUNG (AO)

§ 52 Gemeinnützige Zwecke

(1) Eine Körperschaft verfolgt gemeinnützige Zwecke, wenn ihre Tätigkeit darauf gerichtet ist, die Allgemeinheit auf materiellem, geistigem oder sittlichem Gebiet selbstlos zu fördern. Eine Förderung der Allgemeinheit ist nicht gegeben, wenn der Kreis der Personen, dem die Förderung zugutekommt, fest abgeschlossen ist, zum Beispiel Zugehörigkeit zu einer Familie oder zur Belegschaft eines Unternehmens, oder infolge seiner Abgrenzung, insbesondere nach räumlichen oder beruflichen Merkmalen, dauernd nur klein sein kann. Eine Förderung der Allgemeinheit liegt nicht allein deswegen vor, weil eine Körperschaft ihre Mittel einer Körperschaft des öffentlichen Rechts zuführt.

(2) Unter den Voraussetzungen des Absatzes 1 sind als Förderung der Allgemeinheit anzuerkennen:

1. die Förderung von Wissenschaft und Forschung;
2. die Förderung der Religion;
3. die Förderung des öffentlichen Gesundheitswesens und der öffentlichen Gesundheitspflege, insbesondere

die Verhütung und Bekämpfung von übertragbaren Krankheiten, auch durch Krankenhäuser im Sinne des § 67, und von Tierseuchen;

4. die Förderung der Jugend- und Altenhilfe;
5. die Förderung von Kunst und Kultur;
6. die Förderung des Denkmalschutzes und der Denkmalpflege;
7. die Förderung der Erziehung, Volks- und Berufsbildung einschließlich der Studentenhilfe;
8. die Förderung des Naturschutzes und der Landschaftspflege im Sinne des Bundesnaturschutzgesetzes und der Naturschutzgesetze der Länder, des Umweltschutzes, des Küstenschutzes und des Hochwasserschutzes;
9. die Förderung des Wohlfahrtswesens, insbesondere der Zwecke der amtlich anerkannten Verbände der freien Wohlfahrtspflege (§ 23 der Umsatzsteuer-Durchführungsverordnung), ihrer Unterverbände und ihrer angeschlossenen Einrichtungen und Anstalten;
10. die Förderung der Hilfe für politisch, rassisch oder religiös Verfolgte, für Flüchtlinge, Vertriebene, Aussiedler, Spätaussiedler, Kriegsopfer, Kriegshinterbliebene, Kriegsbeschädigte und Kriegsgefangene, Zivilbeschädigte und Behinderte sowie Hilfe für Opfer von Straftaten; Förderung des Andenkens an Verfolgte, Kriegs- und Katastrophenopfer; Förderung des Suchdienstes für Vermisste;
11. die Förderung der Rettung aus Lebensgefahr;
12. die Förderung des Feuer-, Arbeits-, Katastrophen- und Zivilschutzes sowie der Unfallverhütung;
13. die Förderung internationaler Gesinnung, der Toleranz auf allen Gebieten der Kultur und des Völkerverständigungsgedankens;
14. die Förderung des Tierschutzes;
15. die Förderung der Entwicklungszusammenarbeit;
16. die Förderung von Verbraucherberatung und Verbraucherschutz;

17. die Förderung der Fürsorge für Strafgefangene und ehemalige Strafgefangene;
18. die Förderung der Gleichberechtigung von Frauen und Männern;
19. die Förderung des Schutzes von Ehe und Familie;
20. die Förderung der Kriminalprävention;
21. die Förderung des Sports (Schach gilt als Sport);
22. die Förderung der Heimatpflege und Heimatkunde;
23. die Förderung der Tierzucht, der Pflanzenzucht, der Kleingärtnerei, des traditionellen Brauchtums einschließlich des Karnevals, der Fastnacht und des Faschings, der Soldaten- und Reservistenbetreuung, des Amateurfunkens, des Modellflugs und des Hundesports;
24. die allgemeine Förderung des demokratischen Staatswesens im Geltungsbereich dieses Gesetzes; hierzu gehören nicht Bestrebungen, die nur bestimmte Einzelinteressen staatsbürgerlicher Art verfolgen oder die auf den kommunalpolitischen Bereich beschränkt sind;
25. die Förderung des bürgerschaftlichen Engagements zugunsten gemeinnütziger, mildtätiger und kirchlicher Zwecke.

Sofern der von der Körperschaft verfolgte Zweck nicht unter Satz 1 fällt, aber die Allgemeinheit auf materiellem, geistigem oder sittlichem Gebiet entsprechend selbstlos gefördert wird, kann dieser Zweck für gemeinnützig erklärt werden. Die obersten Finanzbehörden der Länder haben jeweils eine Finanzbehörde im Sinne des Finanzverwaltungsgesetzes zu bestimmen, die für Entscheidungen nach Satz 2 zuständig ist.

TÄTIGKEITSAUSSCHLUSS EINSCHLÄGIG VORBESTRAFTER PERSONEN § 72A ACHTES SOZIALGESETZBUCH (SGB VIII)

(1) Die Träger der öffentlichen Jugendhilfe dürfen für die Wahrnehmung der Aufgaben in der Kinder- und Jugendhilfe keine Person beschäftigen oder vermitteln, die rechtskräftig wegen einer Straftat nach den §§ 171, 174 bis 174c, 176 bis 180a, 181a, 182 bis 184f, 225, 232 bis 233a, 234, 235 oder 236 des Strafgesetzbuchs verurteilt worden ist. Zu diesem Zweck sollen sie sich bei der Einstellung oder Vermittlung und in regelmäßigen Abständen von den betroffenen Personen ein Führungszeugnis nach § 30 Absatz 5 und § 30a Absatz 1 des Bundeszentralregistergesetzes vorlegen lassen.

(2) Die Träger der öffentlichen Jugendhilfe sollen durch Vereinbarungen mit den Trägern der freien Jugendhilfe sicherstellen, dass diese keine Person, die wegen einer Straftat nach Absatz 1 Satz 1 rechtskräftig verurteilt worden ist, beschäftigen.

(3) Die Träger der öffentlichen Jugendhilfe sollen sicherstellen, dass unter ihrer Verantwortung keine neben- oder ehrenamtlich tätige Person, die wegen einer Straftat nach Absatz 1 Satz 1 rechtskräftig verurteilt worden ist, in Wahrnehmung von Aufgaben der Kinder- und Jugendhilfe Kinder oder Jugendliche beaufsichtigt, betreut, erzieht oder ausbildet oder einen vergleichbaren Kontakt hat. Hierzu sollen die Träger der öffentlichen Jugendhilfe über die Tätigkeiten entscheiden, die von den in Satz 1 genannten Personen auf Grund von Art, Intensität und Dauer des Kontakts dieser Personen mit Kindern und Jugendlichen nur nach Einsichtnahme in das Führungszeugnis nach Absatz 1 Satz 2 wahrgenommen werden dürfen.

(4) Die Träger der öffentlichen Jugendhilfe sollen durch Vereinbarungen mit den Trägern der freien Jugendhilfe sowie mit Vereinen im Sinne des § 54 sicherstellen, dass unter deren Verantwortung keine neben- oder ehrenamtlich tätige Person, die wegen einer Straftat nach Absatz 1 Satz 1 rechtskräftig verurteilt worden ist, in Wahrnehmung von Aufgaben der Kinder- und Jugendhilfe Kinder oder Jugendliche beaufsichtigt, betreut, erzieht oder ausbildet oder einen vergleichbaren Kontakt hat. Hierzu sollen die Träger der öffentlichen Jugendhilfe mit den Trägern der freien Jugendhilfe Vereinbarungen über die Tätigkeiten schließen, die von den in Satz 1 genannten Personen auf Grund von Art, Intensität und Dauer des Kontakts dieser Personen mit Kindern und Jugendlichen nur nach Einsichtnahme in das Führungszeugnis nach Absatz 1 Satz 2 wahrgenommen werden dürfen.

(5) Träger der öffentlichen und freien Jugendhilfe dürfen von den nach den Absätzen 3 und 4 eingesehenen Daten nur den Umstand, dass Einsicht in ein Führungszeugnis genommen wurde, das Datum des Führungszeugnisses und die Information erheben, ob die das Führungszeugnis betreffende Person wegen einer Straftat nach Absatz 1 Satz 1 rechtskräftig verurteilt worden ist. Die Träger der öffentlichen und freien Jugendhilfe dürfen diese erhobenen Daten nur speichern, verändern und nutzen, sofern dies zum Ausschluss der Personen von der Tätigkeit, die Anlass zu der Einsichtnahme in das Führungszeugnis gewesen ist, erforderlich ist. Die Daten sind vor dem Zugriff Unbefugter zu schützen. Sie sind unverzüglich zu löschen, wenn im Anschluss an die Einsichtnahme keine Tätigkeit nach Absatz 3 Satz 2 oder Absatz 4 Satz 2 wahrgenommen wird. Anderenfalls sind die Daten spätestens drei Monate nach der Beendigung einer solchen Tätigkeit zu löschen.

AUSZÜGE AUS § 3 EINKOMMEN-STEUERGESETZ (ESTG)

§ 3 Steuerfrei sind

1. (...)

12. aus einer Bundeskasse oder Landeskasse gezahlte Bezüge, die zum einen
a) in einem Bundesgesetz oder Landesgesetz,
b) auf Grundlage einer bundesgesetzlichen oder landesgesetzlichen Ermächtigung beruhenden Bestimmung oder
c) von der Bundesregierung oder einer Landesregierung als Aufwandsentschädigung festgesetzt sind und die zum anderen jeweils auch als Aufwandsentschädigung im Haushaltsplan ausgewiesen werden. Das Gleiche gilt für andere Bezüge, die als Aufwandsentschädigung aus öffentlichen Kassen an öffentliche Dienste leistende Personen gezahlt werden, soweit nicht festgestellt wird, dass sie für Verdienstausfall oder Zeitverlust gewährt werden oder den Aufwand, der dem Empfänger erwächst, offenbar übersteigen;

13. die aus öffentlichen Kassen gezahlten Reisekostenvergütungen, Umzugskostenvergütungen und Trennungsgelder. 2Die als Reisekostenvergütungen gezahlten Vergütungen für Verpflegung sind nur insoweit steuerfrei, als sie die Pauschbeträge nach § 9 Absatz 4a nicht übersteigen; Trennungsgelder sind nur insoweit steuerfrei, als sie die nach § 9 Absatz 1 Satz 3 Nummer 5 und Absatz 4a abziehbaren Aufwendungen nicht übersteigen;

14. (...)

16. die Vergütungen, die Arbeitnehmer außerhalb des öffentlichen Dienstes von ihrem Arbeitgeber zur Erstattung von Reisekosten, Umzugskosten oder Mehraufwendungen bei

doppelter Haushaltsführung erhalten, soweit sie die nach § 9 als Werbungskosten abziehbaren Aufwendungen nicht übersteigen;

17. (…)

26. Einnahmen aus nebenberuflichen Tätigkeiten als Übungsleiter, Ausbilder, Erzieher, Betreuer oder vergleichbaren nebenberuflichen Tätigkeiten, aus nebenberuflichen künstlerischen Tätigkeiten oder der nebenberuflichen Pflege alter, kranker oder behinderter Menschen im Dienst oder im Auftrag einer juristischen Person des öffentlichen Rechts, die in einem Mitgliedstaat der Europäischen Union oder in einem Staat belegen ist, auf den das Abkommen über den Europäischen Wirtschaftsraum Anwendung findet, oder einer unter § 5 Absatz 1 Nummer 9 des Körperschaftsteuergesetzes fallenden Einrichtung zur Förderung gemeinnütziger, mildtätiger und kirchlicher Zwecke (§§ 52 bis 54 der Abgabenordnung) bis zur Höhe von insgesamt 2.400 Euro im Jahr. Überschreiten die Einnahmen für die in Satz 1 bezeichneten Tätigkeiten den steuerfreien Betrag, dürfen die mit den nebenberuflichen Tätigkeiten in unmittelbarem wirtschaftlichen Zusammenhang stehenden Ausgaben abweichend von § 3c nur insoweit als Betriebsausgaben oder Werbungskosten abgezogen werden, als sie den Betrag der steuerfreien Einnahmen übersteigen;

26a. Einnahmen aus nebenberuflichen Tätigkeiten im Dienst oder Auftrag einer juristischen Person des öffentlichen Rechts, die in einem Mitgliedstaat der Europäischen Union oder in einem Staat belegen ist, auf den das Abkommen über den Europäischen Wirtschaftsraum Anwendung findet, oder einer unter § 5 Absatz 1 Nummer 9 des Körperschaftsteuergesetzes fallenden Einrichtung zur Förderung gemeinnütziger, mildtätiger und kirchlicher Zwecke (§§ 52 bis 54 der Abgabenordnung) bis zur Höhe von insgesamt 720 Euro im Jahr. Die Steuerbefreiung ist ausgeschlossen, wenn für die Einnahmen aus der Tätigkeit – ganz oder teilweise – eine Steuerbefreiung nach § 3 Nummer 12, 26 oder 26b gewährt wird. Überschreiten die Einnahmen für die in Satz 1 bezeichneten Tätigkeiten den steuerfreien Betrag, dürfen die mit den nebenberuflichen Tätigkeiten in unmittelbarem wirtschaftlichen Zusammenhang stehenden Ausgaben abweichend von § 3c nur insoweit als Betriebsausgaben oder Werbungskosten abgezogen werden, als sie den Betrag der steuerfreien Einnahmen übersteigen;

26b. Aufwandsentschädigungen nach § 1835a des Bürgerlichen Gesetzbuchs, soweit sie zusammen mit den steuerfreien Einnahmen im Sinne der Nummer 26 den Freibetrag nach Nummer 26 Satz 1 nicht überschreiten. 2Nummer 26 Satz 2 gilt entsprechend;

27. (…)

36. Einnahmen für Leistungen zur Grundpflege oder hauswirtschaftlichen Versorgung bis zur Höhe des Pflegegeldes nach § 37 des Elften Buches Sozialgesetzbuch, wenn diese Leistungen von Angehörigen des Pflegebedürftigen oder von anderen Personen, die damit eine sittliche Pflicht im Sinne des § 33 Absatz 2 gegenüber dem Pflegebedürftigen erfüllen, erbracht werden. Entsprechendes gilt, wenn der Pflegebedürftige Pflegegeld aus privaten Versicherungsverträgen nach den Vorgaben des Elften Buches Sozialgesetzbuch oder eine Pauschalbeihilfe nach Beihilfevorschriften für häusliche Pflege erhält;

37. (…)

50. die Beträge, die der Arbeitnehmer vom Arbeitgeber erhält, um sie für ihn auszugeben (durchlaufende Gelder), und die Beträge, durch die Auslagen des Arbeitnehmers für den Arbeitgeber ersetzt werden (Auslagenersatz);

51. (…)

AUSZÜGE AUS DEM GESETZ BETREFFEND DAS URHEBERRECHT AN WERKEN DER BILDENDEN KÜNSTE UND DER PHOTOGRAPHIE (KUNSTURHG)

§ 22 Bildnisse dürfen nur mit Einwilligung des Abgebildeten verbreitet oder öffentlich zur Schau gestellt werden. Die Einwilligung gilt im Zweifel als erteilt, wenn der Abgebildete dafür, daß er sich abbilden ließ, eine Entlohnung erhielt. Nach dem Tode des Abgebildeten bedarf es bis zum Ablaufe von 10 Jahren der Einwilligung der Angehörigen des Abgebildeten. Angehörige im Sinne dieses Gesetzes sind der überlebende Ehegatte oder Lebenspartner und die Kinder des Abgebildeten und, wenn weder ein Ehegatte oder Lebenspartner noch Kinder vorhanden sind, die Eltern des Abgebildeten.

§ 23 (1) Ohne die nach § 22 erforderliche Einwilligung dürfen verbreitet und zur Schau gestellt werden:

1. Bildnisse aus dem Bereiche der Zeitgeschichte;
2. Bilder, auf denen die Personen nur als Beiwerk neben einer Landschaft oder sonstigen Örtlichkeit erscheinen;
3. Bilder von Versammlungen, Aufzügen und ähnlichen Vorgängen, an denen die dargestellten Personen teilgenommen haben;
4. Bildnisse, die nicht auf Bestellung angefertigt sind, sofern die Verbreitung oder Schaustellung einem höheren Interesse der Kunst dient.

(2) Die Befugnis erstreckt sich jedoch nicht auf eine Verbreitung und Schaustellung, durch die ein berechtigtes Interesse des Abgebildeten oder, falls dieser verstorben ist, seiner Angehörigen verletzt wird.

AUSZÜGE DER VERORDNUNG ÜBER DIE EHRENAMTLICHE BETÄTIGUNG VON ARBEITSLOSEN (EHRBETÄTV)

§ 1 Ehrenamtliche Betätigung

(1) Ehrenamtlich im Sinne des § 138 Absatz 2 des Dritten Buches Sozialgesetzbuch ist eine Betätigung, die

1. unentgeltlich ausgeübt wird,
2. dem Gemeinwohl dient und
3. bei einer Organisation erfolgt, die ohne Gewinnerzielungsabsicht Aufgaben ausführt, welche im öffentlichen Interesse liegen oder gemeinnützige, mildtätige oder kirchliche Zwecke fördern.

(2) Der Ersatz von Auslagen, die dem ehrenamtlich Tätigen durch Ausübung der ehrenamtlichen Tätigkeit entstehen, berührt die Unentgeltlichkeit nicht. Dies gilt auch, wenn der Auslagenersatz in pauschalierter Form erfolgt und die Pauschale 200 Euro im Monat nicht übersteigt. Neben einer nicht steuerpflichtigen Aufwandsentschädigung, die der ehrenamtlich Tätige erhält, ist eine Pauschalierung des Auslagenersatzes nur möglich, sofern die Auslagenpauschale zusammen mit der nicht steuerpflichtigen Aufwandsentschädigung 200 Euro im Monat nicht übersteigt.

§ 2 Berufliche Eingliederung

Die berufliche Eingliederung des Arbeitslosen hat Vorrang vor der Ausübung einer ehrenamtlichen Betätigung. Der Arbeitslose hat der Agentur für Arbeit die Ausübung einer mindestens 15 Stunden wöchentlich umfassenden ehrenamtlichen Betätigung unverzüglich anzuzeigen. Er hat darüber hinaus sicherzustellen, dass er

1. durch die Ausübung der ehrenamtlichen Betätigung nicht in seinen Eigenbemühungen zur Beendigung der Beschäftigungslosigkeit gehindert ist und
2. in der Lage ist, Vorschlägen der Agentur für Arbeit zur beruflichen Eingliederung unverzüglich Folge zu leisten.

VORSCHLAG FÜR EINE EINWILLIGUNG IN DIE DATENVERARBEITUNG

Der folgende Vorschlag für eine Einwilligung in die Datenverarbeitung erhebt keinen Anspruch auf Vollständigkeit. Insbesondere kann es wichtig sein, diese auf die speziellen Belange des Vereins bzw. desjenigen, der die Daten erhebt, anzupassen. Auch bei der Erhebung „besonderer Daten" *muss* die Einwilligung ergänzt werden (siehe hierzu den Abschnitt „Datenschutz im Verein" ab Seite 97).

Die bewusst allgemein gehaltene Fassung soll die Anpassung für Ehrenamtliche oder Vereinsmitglieder erleichtern. Eine spezielle Einwilligung kann auch für Personen notwendig sein, die vom Verein unterstützt (Nachbarschaftshilfe), über Aktivitäten informiert (Fortbildungen, Veranstaltungen, Aufführungen usw.) oder zur Unterstützung von Aktionen (Sponsorenliste) angesprochen werden sollen.

Der Textvorschlag kann in dieser oder veränderter Form ohne Autorennennung beliebig zu nicht kommerziellen Zwecken genutzt werden.

Einwilligung in die Datenverarbeitung

Uns ist es sehr wichtig, Sie wissen zu lassen, dass wir Ihre persönlichen Daten sorgsam und vertraulich behandeln. Darum listen wir in dieser Einwilligung zur Datenverarbeitung genau auf, wie wir mit Ihren persönlichen Daten umgehen.

Hiermit willige ich, --- (Ehrenamtliche/r oder Vereinsmitglied) darin ein, dass der Verein XY im Rahmen der ehrenamtlichen Zusammenarbeit oder meiner Mitgliedschaft meine personenbezogenen Daten verarbeitet.

Das Erheben, Speichern, Übermitteln und Nutzen der Daten ist nur insoweit gestattet, als dies für die ehrenamtliche Tätigkeit oder die Vereinsmitgliedschaft erforderlich ist, beispielsweise um über Veranstaltungen und einschlägige Informationen über die Arbeit der Träger zu informieren.

Die Daten dürfen in Datenverarbeitungssysteme der genannten Träger eingegeben werden.

Auch in die Nutzung der Daten zum Zwecke der Abrechnung von öffentlicher Förderung und Erhebung des Beitrags willige ich ein.

Die Verwendung der Daten zu statistischen Zwecken ist nur erlaubt, wenn ein Bezug zu meiner Person ausgeschlossen ist (Anonymisierung).

Meine Einwilligung erfolgt freiwillig und kann jederzeit widerrufen werden. In diesem Fall werden die Daten nach Ablauf der gesetzlichen Aufbewahrungsfrist gelöscht.

Ort, Datum

Ehrenamtliche/r

oder

Vereinsmitglied

ADRESSEN FÜR WEITERGEHENDE INFORMATIONEN

Den **Leitfaden zum Vereinsrecht** finden Sie auf der Seite des Bundesministeriums der Justiz und für Verbraucherschutz unter: www.bmjv.de, Suchwort: Vereinsrecht > Leitfaden zum Vereinsrecht

Auf dieser Seite finden Sie auch ein Muster für die **Erstanmeldung eines Vereins:** www.bmjv.de, Suchwort: Vereinsrecht > Muster für die Anmeldung eines Vereins zum Vereinsregister

Über das Amtsgericht am Sitz des Vereins oder die Internetseite können Sie das **zuständige Registergericht** in Erfahrung bringen: www.justiz.de/bundlaender/index.php

Den **Anwendungserlass zur Abgabenordnung** (AEAO) sowie Neubekanntmachungen des AEAO mit Ausführungen zum Beispiel zur Gemeinnützigkeit finden Sie auf der Seite des Bundesministeriums der Finanzen: www.bundesfinanzministerium.de > Service > Publikationen > BMF-Schreiben. Geben Sie in das Suchfeld „Neubekanntmachung des AEAO" ein.

Das Bundesministerium für Arbeit und Soziales hat unter dem Titel **„Zu Ihrer Sicherheit – Unfallversichert im freiwilligen Engagement"** einen kostenlosen Ratgeber herausgegeben, den man beim Bundesministerium bestellen oder auf der Internetseite herunterladen kann: www.bmas.de > Service > Publikationen. Geben Sie in das Suchfeld „Unfallversichert im freiwilligen Engagement" ein.

Eine Übersicht über **steuerliche Sachverhalte** im Verein mit vielen hilfreichen Mustern finden Sie in „Steuertipps für Vereine", einer Broschüre des Bayerischen Staatsministeriums: www.bestellen.bayern.de

Die Deutsche Rentenversicherung hat einen kostenfreien Ratgeber mit dem Titel **„Erwerbsminderungsrentner: So viel können Sie hinzuverdienen“** (Stand 07/2014, 15. Auflage) herausgegeben: www.deutsche-rentenversicherung.de > Service > Broschüren und mehr > Broschüren > Rente > Publikation „Erwerbsminderungsrentner: So viel können Sie hinzuverdienen“.

Die offiziellen und verpflichtenden **Vordrucke** für Sach- oder Geldspenden finden Sie unter: www.formulare-bfinv.de

ADRESSEN DER VERBRAUCHERZENTRALEN

Verbraucherzentrale Baden-Württemberg e. V.
Paulinenstraße 47, 70178 Stuttgart
Telefon 0 18 05/50 59 99 (0,14 €/min., Mobilfunkpreis maximal 0,42 €/min.), Telefax 07 11/66 91-50
www.vz-bawue.de

Verbraucherzentrale Bayern e. V.
Mozartstraße 9, 80336 München
Telefon 0 89/5 39 87-0, Telefax 0 89/53 75 53
www.verbraucherzentrale-bayern.de

Verbraucherzentrale Berlin e. V.
Hardenbergplatz 2, 10623 Berlin
Telefon 0 30/2 14 85-0, Telefax 0 30/2 11 72 01
www.vz-berlin.de

Verbraucherzentrale Brandenburg e. V.
Templiner Straße 21, 14473 Potsdam
Telefon 03 31/2 98 71-0, Telefax 03 31/2 98 71-77
www.vzb.de

Verbraucherzentrale des Landes Bremen e. V.
Altenweg 4, 28195 Bremen
Telefon 04 21/1 60 77-7, Telefax 04 21/1 60 77-80
www.verbraucherzentrale-bremen.de

Verbraucherzentrale Hamburg e. V.
Kirchenallee 22, 20099 Hamburg
Telefon 0 40/2 48 32-0, Telefax 0 40/2 48 32-2 90
www.vzhh.de

Verbraucherzentrale Hessen e. V.
Große Friedberger Straße 13–17, 60313 Frankfurt am Main
Telefon 0 18 05/97 20 10 (0,14 €/min., Mobilfunkpreis maximal 0,42 €/min.), Telefax 0 69/97 20 10-40
www.verbraucher.de

Verbraucherzentrale Mecklenburg-Vorpommern e. V.
Strandstraße 98, 18055 Rostock
Telefon 03 81/2 08 70-50, Telefax 03 81/2 08 70 30
www.nvzmv.de

Verbraucherzentrale Niedersachsen e. V.
Herrenstraße 14, 30159 Hannover
Telefon 05 11/9 11 96-0, Telefax 05 11/9 11 96-10
www.verbraucherzentrale-niedersachsen.de

Verbraucherzentrale Nordrhein-Westfalen e. V.
Mintropstraße 27, 40215 Düsseldorf
Telefon 02 11/38 09-0, Telefax 02 11/38 09-2 16
www.vz-nrw.de

Verbraucherzentrale Rheinland-Pfalz e. V.
Seppel-Glückert-Passage 10, 55116 Mainz
Telefon 0 61 31/28 48-0, Telefax 0 61 31/28 48-66
www.verbraucherzentrale-rlp.de

Verbraucherzentrale des Saarlandes e. V.
Trierer Straße 22, 66111 Saarbrücken
Telefon 06 81/5 00 89-0, Telefax 06 81/5 00 89-22
www.vz-saar.de

Verbraucherzentrale Sachsen e. V.
Katharinenstraße 17, 04109 Leipzig
Telefon 03 41/6 96 29-0, Telefax 03 41/6 89 28 26
www.verbraucherzentrale-sachsen.de

Verbraucherzentrale Sachsen-Anhalt e. V.
Steinbockgasse 1, 06108 Halle
Telefon 03 45/2 98 03-29, Telefax 03 45/2 98 03-26
www.vzsa.de

Verbraucherzentrale Schleswig-Holstein e. V.
Andreas-Gayk-Straße 15, 24103 Kiel
Telefon 04 31/5 90 99-0, Telefax 04 31/5 90 99-77
www.verbraucherzentrale-sh.de

Verbraucherzentrale Thüringen e. V.
Eugen-Richter-Straße 45, 99085 Erfurt
Telefon 03 61/5 55 14-0, Telefax 03 61/5 55 14-40
www.vzth.de

Verbraucherzentrale Bundesverband e. V.
Markgrafenstraße 66, 10969 Berlin
Telefon 0 30/2 58 00-0, Telefax 0 30/2 58 00-5 18
www.vzbv.de

STICHWORTVERZEICHNIS

G

H

I

J

K

L

M

N

O

P

R

R

T

U

V

W

Z

IMPRESSUM

Herausgeber
Verbraucherzentrale Nordrhein-Westfalen e. V.
Mintropstraße 27, 40215 Düsseldorf
Telefon: 02 11/38 09-5 55
Telefax: 02 11/38 09-2 35
Internet: www.vz-nrw.de
E-Mail: ratgeber@vz-nrw.de

Autor:	Bernd Jaquemoth
Herausgeber:	Dr. Frank Bräutigam
Koordination:	Wolfgang Starke
Lektorat:	Dr. Doris Mendlewitsch, www.mendlewitsch.de
Produktion:	bretzinger : media.production, Baden-Baden
Satz:	typografie & layout, Evelyn Haller, Gaggenau
Gestaltungskonzept:	Ute Lübbeke, Köln, www.LNT-design.de
Umschlaggestaltung:	Ute Lübbeke, Köln, www.LNT-design.de
Umschlagfoto:	©plainpicture/Fancy Images
Druck/Bindung:	Kraft Druck GmbH, Ettlingen
	Gedruckt auf 100 Prozent Recyclingpapier

Redaktionsschluss: 30. September 2014